安全教育读本
大学生身边的故事

ANQUAN JIAOYU DUBEN
DAXUESHENG SHENBIANDE GUSHI

宁波市高等学校保卫工作研究会◎编

编委会

主　　任　过国忠　王国荣

委　　员　（以姓氏笔画为序）

马建强　叶卫树　江兴龙　江锦坡　刘雅颂　朱兴华
邬红波　沈　威　张　斌　陈　盛　林贺锋　周宗铭
洪剑峰　胡　婷　姜　岭　姚国友　韩一峰　蒋江福
蔡李平

主　　编　过国忠　沈　威　叶卫树　林贺锋

编写人员　（以姓氏笔画为序）

叶卫树　史红霞　过国忠　孙业永　孙　侃　沈　威
李振锋　陈　彪　陈　微　严良达　林贺锋　赵万利
童开妙　彭泽民　韩雯琛　楼　宇　戴亚娥

前　言

高校担负着为国家培养和输送社会主义事业接班人的神圣职责,是青年人的聚集地,也是育人的重要场所。高校安全工作是社会安全工作的重要组成部分,关系到国家的安全稳定、关系到高校自身建设和发展、关系到青年学生的学习成长,也关系到千千万万家庭的幸福安宁。高校思想文化活跃,组成元素多元,人员群体集中,影响安全稳定的因素相对复杂,在当下世界多极化、社会信息化、自身开放化等众多变革中,高校安全稳定工作的形势也日益严峻,又加上大学生思维活跃,自我意识比较强,安全意识比较淡薄、自我控制力比较弱等原因,高校安全事件时有发生,给学生、家庭、校园和社会带来巨大伤害,甚至是无可挽回的损失,教训极为深刻。

本书从"生命无价、安全第一,预防为主、教育为先"的角度,广泛收集了近几年发生在高校的真实案例,精心编写,巧妙设计,力图使本书更贴近大学生的实际生活,更符合大学生的阅读心理,以"小故事、大道理"的形式让安全知识入脑入心入身。另外,本书以"大安全观"的文化理念,从国家安全、人身安全、财产安全、心理安全、网络安全、求职择业安全、消防安全、交通安全等多个方面精选案例,尽可能地为大学生提供全面丰富的防范经验和避害技巧。

愿《安全教育读本:大学生身边的故事》能成为广大师生手中常备的安全教育读本,为构建和谐校园、推动和谐社会建设贡献一份绵薄之力。

宁波市高等学校保卫工作研究会理事长　过国忠
2018年7月

目 录

前言 …………………………………………………………… 1

专题一　国家安全

保守国家秘密，提高防范意识 …………………………………… 3
　　【案例点击一】求助帖子招来的牢狱之灾 ………………… 4
　　【案例点击二】境外给钱下"指标" ………………………… 6
远离邪教 ………………………………………………………… 7
　　【案例点击】"法轮功"蛊惑人心 …………………………… 9

专题二　人身安全

防抢劫和抢夺 …………………………………………………… 15
　　【案例点击一】惊魂两小时 ………………………………… 15
　　【案例点击二】女生深夜单独行走　不慎被陌生男子抢夺手机
　　　　………………………………………………………… 17

防传销 ·· 18
 【案例点击一】约见网友　误入传销 ···································· 19
 【案例点击二】李文星之死 ·· 21

防网络传销 ··· 23
 【案例点击】你的朋友圈被微商占领了吗? ···························· 24

防性骚扰 ··· 27
 【案例点击一】遇人不淑　追悔莫及 ···································· 27
 【案例点击二】不明情况单独会友,误入虎口幸得脱身 ············ 29
 【案例点击三】网络交友不慎被骚扰 ···································· 31

专题三　财产安全

防盗窃 ·· 35
 【案例点击一】一时大意　玉佩被盗 ···································· 35
 【案例点击二】"随手一拿"　顺手牵羊 ································ 36
 【案例点击三】机不离身　离身则丢 ···································· 38
 【案例点击四】"好基友"集体丢手机 ···································· 39
 【案例点击五】崭新的小电驴说没就没了 ······························ 40

防诈骗 ·· 41
 【案例点击】善意被消费　财物被拐骗 ································· 42

谨慎网贷 ··· 44
 【案例点击一】轻信小额贷款　借钱变骗钱 ·························· 45
 【案例点击二】退款不成就用刷单提高信用分?骗人! ············ 46
 【案例点击三】创业失败　涉贷背债 ···································· 48
 【案例点击四】高消费涉贷 ·· 49

专题四　心理安全

珍爱生命　远离自杀 ································· 53
　　【案例点击一】沟通不畅竟轻生 ··················· 53
　　【案例点击二】恋爱分手丢性命 ··················· 55
　　【案例点击三】正值毕业,他却自杀了 ············· 57

正视情绪障碍 ····································· 59
　　【案例点击一】双向心理障碍太痛苦 ··············· 59
　　【案例点击二】考研失败惹幻想 ··················· 62
　　【案例点击三】因空调引发的愤怒 ················· 64

恋爱调适 ··· 66
　　【案例点击一】"恋物癖"身不由己 ················· 67
　　【案例点击二】一起情杀案 ······················· 69

专题五　网络安全

网络成瘾 ··· 75
　　【案例点击一】沉迷网络游戏 ····················· 75
　　【案例点击二】沉迷虚拟交际圈 ··················· 78

网络受骗 ··· 80
　　【案例点击一】兼职刷单被骗 ····················· 81
　　【案例点击二】退款还需先汇款? ·················· 82
　　【案例点击三】冒充微信好友诈骗 ················· 84
　　【案例点击四】冒充公检法等国家公务人员 ········· 85
　　【案例点击五】交友网站网恋而被骗 ··············· 86

网络犯罪 ··· 90
    【案例点击一】朋友圈造谣被处分 ································ 90
    【案例点击二】非法侵入教务系统被开除 ·························· 92

专题六　求职择业安全

实习、就业、创业安全 ··· 97
    【案例点击一】盲目签就业合同,不合理条款隐患多 ············ 97
    【案例点击二】实习岗位安全要铭记 ································ 99
    【案例点击三】实习制度要遵守,贪图方便隐患多 ·············· 100
    【案例点击四】毕业生入职培训"先缴费" ······················ 102
    【案例点击五】休学创业需谨慎 ······································ 104

兼职安全 ··· 106
    【案例点击一】家教一去不回引深思 ································ 106
    【案例点击二】兼职内容违法 ··· 108
    【案例点击三】兼职私人导游风险大 ································ 110
    【案例点击四】学生外地兼职危险多 ································ 112
    【案例点击五】"押金"陷阱 ··· 114

专题七　保健预防

杜绝不良生活习惯 ··· 119
    【案例点击一】"沧海横流"以后 ··································· 119
    【案例点击二】都是吸烟惹的祸 ······································ 122
    【案例点击三】大一那一年,我倒下了三次 ······················ 124

【案例点击四】现代"杨贵妃"的任性 …………………………… 126

　　【案例点击五】阴部瘙痒令人羞 ………………………………… 129

传染病的预防 ………………………………………………………… 131

　　【案例点击一】潜伏在"象牙塔"里的痨病 ……………………… 132

　　【案例点击二】酒肉穿肠过　细菌体中留 ……………………… 134

　　【案例点击三】迟打的狂犬病疫苗 ……………………………… 136

　　【案例点击四】没有过"出轨"行为　却得了性病 ……………… 138

　　【案例点击五】艾滋病——小赵心中永远的痛 ………………… 139

日常用药注意事项 …………………………………………………… 141

　　【案例点击一】处方药能自行购买吗？ ………………………… 142

　　【案例点击二】先吃感冒药能预防感冒吗？ …………………… 144

　　【案例点击三】厉害了,我的感冒药 …………………………… 146

专题八　拒绝"黄赌毒"

　　【案例点击一】"小赌怡情"险毁学业 …………………………… 151

　　【案例点击二】逃走的人生 ……………………………………… 152

　　【案例点击三】欲望所致 ………………………………………… 154

　　【案例点击四】诱惑的"美" ……………………………………… 156

　　【案例点击五】回不去的青春 …………………………………… 158

专题九　消防安全

　　【案例点击一】实验过程无人看管,电器故障酿成火灾 ……… 163

　　【案例点击二】乱用易燃液体生火,引火烧身酿成惨剧 ……… 165

【案例点击三】被子无故起火,罪魁祸首是烟蒂 …………………… 167

【案例点击四】离开时忘关空调,隔夜引发火灾 …………………… 168

专题十　交通安全

【案例点击一】强行超车丢性命 …………………………………… 175

【案例点击二】乱穿马路被撞飞 …………………………………… 176

【案例点击三】骑"死飞"坠崖身亡 ………………………………… 178

【案例点击四】"低头族"横穿马路不慎被车撞 …………………… 180

大学新生安全知识题库 ……………………………………………… 182

后　　记 ……………………………………………………………… 219

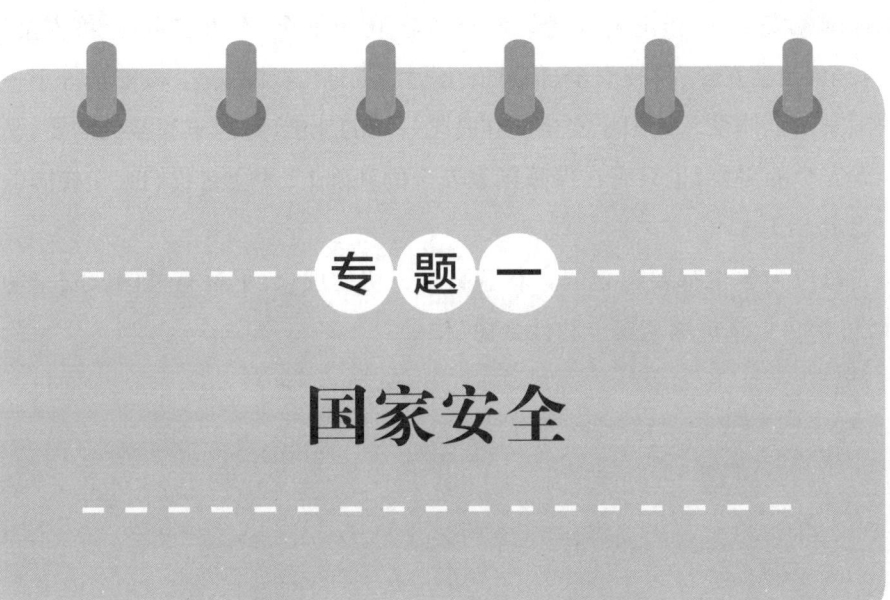

专题一

国家安全

国家安全是国家的基本利益,是安邦定国的重要基石,涉及国家社会生活的方方面面。2014年4月,中共中央总书记、国家主席习近平首次提出要坚持总体国家安全观,指出要构建集政治安全、国土安全、军事安全、经济安全、文化安全、社会安全、科技安全、信息安全、生态安全、资源安全、核安全等于一体的国家安全体系。把国家安全放在高于一切的地位,是国家利益的需要,又是个人安全的需要,也只有在保障国家安全的基础上,才会有我们大学校园的安全稳定。

每位大学生都要树立国家利益高于一切的理念,了解有关国家安全的法律法规,自觉维护国家安全和社会稳定。

保守国家秘密，提高防范意识

国家秘密是指关系国家的安全和利益，依照法定程序确定，在一定时间内只限一定范围的人员知情的事项。保守国家秘密是每个公民的基本义务之一。

近些年，很多境外情报组织把大学生作为策反目标。一方面，高校是我国科研活动的重要阵地，不少学校承担着国家重大科研项目的研制工作，一些学生在老师的指导下直接参与项目工作，有机会接触到涉密内容。即使不直接参与的学生，也可以通过查阅资料，向老师同学学习请教等途径间接获得项目的一些情况。另一方面，大学生经常活跃在网络社交平台，言谈之间很容易暴露自己的身份和学习生活情况，成为境外势力锁定的目标，加之年轻大学生缺少对网上复杂斗争形势的教育和认识，防范心理不强，有意或无意间就可能沦为境外组织利用的工具。

同时，现在有不少大学生可以出国学习交流，一些境外情报组织看准这个机会，将在国外学习的大学生群体作为主攻目标，利用大学生在国外人生地不熟的陌生心理，先给予其生活上和心理上无微不至的关怀，取得大学生的信任，慢慢地渗透他们的思想。通过一系列洗脑活动，让大学生在不知不觉中被他们控制利用。

无论是在境内还是在境外，大学生都要自觉遵守保密的相关规定，警惕境外情报组织人员利用学术交流或讲课的机会进行系统的社会调研，提高自身防范意识，在与境外人员交往的过程中，不要随便谈及社会治安状况、科技成果等，做到明辨是非，自觉维护国家安全。

【案例点击一】

求助帖子招来的牢狱之灾

广东某大学生徐某来自农村,家里生活不宽裕。2012年4月,当徐某考入某重点大学时,他在QQ群里发了一条求助帖——"寻求学费资助2000元"。不久,一网名为"Miss Q"的人回帖,表示愿意提供帮助。徐某喜出望外,把银行卡号告诉对方,第二天就收到2000元人民币汇款。"Miss Q"自称是"一家境外投资咨询公司的研究员",需要为客户"搜集解放军部队装备采购方面的期刊资料",希望徐某协助搜集,作为资助学费的回报。徐某爽快地答应了,但没能在学校的图书馆找到相关资料。

2012年5月,徐某主动联系"Miss Q",对方向他提供了一份"田野调研员"的兼职,月薪2000元。徐某所在的广东某大城市有一个军港码头和一家历史悠久的造船厂,他的"调研"工作就是到军港拍摄军事设施和军舰,到船厂观察、记录在造在修船舰的情况,并将有船舰方位标识的电子地图做成文档,提供给"Miss Q"。

23岁的徐某后来承认,做"调研员"不久,就意识到对方是搜集我国军事情报的境外间谍,曾因内心极度不安主动放弃了学校的一些荣誉,但利诱当前,又难以拒绝对方。2013年5月,徐某被国家安全机关依法审查。

【专家评析】

境外情报组织利用网络聊天工具、校园论坛、招聘网站等渠道,打着招聘"调研员"、提供"兼职"等旗号,以金钱诱使涉世未深的大学生参与情报收集、分析和传递。他们最初与学生接触时,只提简单要求,如到图书馆查找资料等,这些公开信息大多不具备情报价值,不会引起学生的戒心,学生也愿意去做。

但在持续联系的过程中,他们会让学生搜集一些涉及国家机密的资料、图片。有些学生虽然在后来有所察觉,但定期支付酬金的诱惑极易让他们形成依赖,从而欲罢不能。同时,还有一些间谍组织利用手中掌握的把柄,对落入陷阱、准备收手的大学生以今后的前途命运相威胁,迫使这些受害者继续服从他们的摆布。

【防范办法】

1. 要始终树立国家利益高于一切的理念。

国家安全涉及国家社会生活的方方面面,是国家、民族生存与发展的首要保障,与我们每一位公民的工作、生活、发展和安全都是息息相关的。无论任何时候都要以国家利益为重,自觉维护国家安全。

2. 要自觉熟悉有关国家安全的法律、法规。

涉及有关国家安全和保密工作的法律、法规、规章制度有一百多种,对遇到的法律界限不清的问题,要勤学、肯问、慎行。

3. 要牢记天下没有免费的午餐,善于识别各种伪装。

网络不是一片净土,其中充满敌情和诱饵,盲目轻信是被人利用的开始。识别伪装既难又易,关键就在淡泊名利,不贪恋金钱等物质诱惑,要依法及时举报,决不准其恣意妄行。

【辅导员信箱】

1. 你或者你身边的同学有做过网络兼职吗?你有遇到过专门以情报收集、分析和传递为内容的工作吗?

2. 如果你怀疑遇到的兼职招聘是间谍组织行为,你会怎么办?

【案例点击二】

境外给钱下"指标"

2009年8月,瑞典籍人士彼得伙同北京一律师事务所律师王某等人,在香港注册成立名为"Joint Development Institute Limited"(简称JDI)的机构,在境内以"中国维权紧急援助组"的名义活动,长期接受某外国非政府组织等多家境外机构的巨额资助,在中国建立10余个所谓"法律援助站",资助和培训无照"律师"等多名"代理人",并发放每个月3000至5000元人民币的工资,利用他们搜集我国各类负面情况,加以歪曲、夸大甚至凭空捏造,向境外提供所谓"中国人权报告",其中一些大学生也被蒙蔽利用。同时,该组织通过被培训的人员,插手社会热点问题和敏感事(案)件,蓄意激化一些原本并不严重的矛盾纠纷,煽动群众对抗政府,意图制造群体性事件。

2016年1月19日,彼得等犯罪嫌疑人被依法采取刑事强制措施。

【专家评析】

本案例所讲的境外非法组织,在我们看不到的地方还会以任何可能的形式或者名义存在。他们未在我国相关机构履行任何注册备案程序,资金入境和活动完全脱离正常监管,或者挂羊头卖狗肉,以一个符合法律程序的非政府组织名义存在,却在暗地里实施一些危害我国国家安全的犯罪行为。这些组织的行为非常隐秘,以帮助中国发展为名,在中国民间不断培植势力,挑起事件当事人等对党和政府的不满情绪,以各种手段蒙蔽、利诱不知情人员,伺机在国内制造事端,扰乱国家和社会秩序,妄图以此影响、改变中国的社会制度。

【防范办法】

1. 熟悉法律常识,不盲目加入任何社会组织。

很多大学生在校期间出于各种想法,如体验社会生活、实现个人价值等,会参加一些民间组织。有些组织打着公益、资助、扶助弱者等旗号,拉拢、蒙蔽、利诱大学生加入,暗中利用大学生开展信息搜集、挑动争端等涉嫌违法活动。大学生要熟悉法律法规,如《中华人民共和国境外非政府组织境内活动管理法》,仔细甄别,分辨这些组织是否有合法的组织程序和资质,开展的工作是否合法。

2. 提高政治素养,不轻信谣言,不传播谣言。

在微信、微博等自媒体发达的信息爆炸时代,大量的信息良莠不齐,大学生要善于分辨,对一些不利于民族团结、国家稳定的谣言、不实信息等不轻信,更不能传播,自觉维护国家安全。

3. 自觉抵制诱惑,善于辨别真伪。

有些非法组织以高额报酬等经济利益或体面工作、政治前途等为诱饵,对未入社会尚且懵懂的大学生加以利诱,大学生在面对优厚待遇时,一定要辨别真伪,不能被眼前的利益和对方的花言巧语所蒙蔽。

【辅导员信箱】

1. 你或你的同学有参加过社会上的非政府组织吗?有看过他们的资质文件或证书吗?

2. 你有见到过一些非政府组织或个人疑似在搜集情报或者发表不利于国家的言论吗?如果见到,你是觉得与自己无关而置之不理还是举报给学校或相关部门呢?

远离邪教

在我国,公民享有宗教信仰自由,正常的宗教活动受国家法律保护。但一些邪教组织为达到自己的目的,往往给自己披上正常宗教的外衣,冒用宗教名义,欺骗群众,逃脱法律制裁。大学生要分清宗教和邪教的区别,不盲目信教,重视心理健康,培养良好情趣,树立正确的人生理想,做社会主义接班人。

一、邪教的基本特征

1. 教主崇拜:邪教头子以神佛或"救世主"自居,诈骗信徒对其顶礼膜拜。

2. 精神控制:以各种歪理邪说、谎言骗局、心理暗示等对信徒进行"洗脑",使信徒完全按照邪教头子的说教去想去做。

3. 编造邪说:盗用歪曲宗教教义或以科学知识拼凑成所谓的"教规教义",并编造比较具体的"世界末日"日期、大劫大难或灾祸等,蛊惑人心。

4. 聚敛钱财:通过推销编造的图书或所谓的"圣物"、直接要求成员交纳"奉献款"等,聚敛大量财富。

5. 秘密结社:以邪教头子为核心建立一套非法组织体系,活动诡秘隐蔽。

6. 危害社会:用极端手段与现实社会对抗,威胁个体生命和群体利益,危害社会和谐稳定。

二、邪教的骗人手法

1. 歪理邪说欺骗人。邪教为达目的,编造荒诞离奇的歪理邪说,如"末世论""劫难说""巫神论""天国说"等,引人崇拜。

2. 宗教幌子蒙蔽人。盗用正常宗教的一些词汇和概念,使教徒消除戒备,然后篡改教义,自立教派。

3. 治病免灾诱惑人。通常在百姓最关心的平安、健康等问题上做文章,鼓吹只有加入他们的组织才能消灾避难、治病强身,一年四季"保平安",诱惑群众加入其组织。

4. 暴力胁迫吓唬人。邪教常利用人们对鬼神等虚构的超自然力量的恐惧心理,先把人吓住,然后逼人加入组织,或用暴力强行拉人入教,一旦加入就不许退出。

5. 小恩小惠笼络人。利用一些群众生活困难、需要帮助、看重实惠的现实情况,笼络人心,拉人入伙,这是邪教活动在农村滋生蔓延的一个重要原因。

三、活动突出的几种邪教

1."法轮功"。"教主"李洪志。借用佛教"法轮""佛法",李洪志自比"佛主",

创立"法轮大法研究会",大肆进行反华、反共、反人民活动,围攻、冲击国家机关、单位,非法集会示威,毒化人们的思想,蒙骗信徒为"升天"而自杀、自残或残杀他人。

2. "全能神"。"教主"赵维山。又叫"东方闪电教""实际神""闪电派",现又称"老天爷",是从"呼喊派"分离出来的。冒用基督教名义,编造"女基督",自比耶和华、耶稣,用装神弄鬼、蚂蚁写字等把戏和家里放蛇等吓唬人的伎俩,胁迫人们入教,还要求信徒写保证书、发毒誓,对脱离组织的成员实施报复。

3. "呼喊派"。"教主"李常受。又名"地方教会恢复派""地方召会",在美国创立,世界范围内统称"基督宇宙教会",在我国境内组织体系称"基督大陆众召会"。在学校周边设立非法聚会点,以基督教名义拉拢、诈骗在校大学生参加聚会培训活动。

4. "观音法门"。"教主"张兰君。又名"中华民国禅宗协会""国际禅定学会""中华禅定学会",近年打着"素食环保、拯救地球"的幌子,宣传世界将要毁灭,反对我国政权,对信徒高价出售物品,疯狂敛财。

5. "血水圣灵"。"教主"左坤。又称"圣灵重建教会"或"全备福音左坤使徒教会"。标志是"白马飞鹰旗"和"七烛台"。

6. "门徒会"。"教主"季三保。"门徒会"成员看到有人生病住院或出事故,就立即劝人入会,甚至公然在医院门口拉人入会。他们敛取大量钱财,拿出一小部分假装关心贫困农民,诱人上钩,并从感情上强化成员的效忠意识,控制他们,扩大组织。

【案例点击】

"法轮功"蛊惑人心

刘某,女,原本是衢州市一名中学教师,在上大学期间便开始练"法轮功",后来毕业参加工作,仍不间断地习练并阅读相关书籍。2014年初,刘某购置了打印机、纸张等设备材料,从"法轮功"境外网站上下载文字、照片等资料,制作了有关"法轮功"内容的宣传册、宣传单,多次往几个小区的住户信箱里分发自己制作的宣传册(单)。她还多次利用上课及晚自习的机会,向学校七年级部分班级的学生宣讲有关"法轮功"的内容。最终,她因利用邪教组织破坏法律实施罪,被判处有期徒刑3年。

【专家评析】

本案例中刘某从大学时代到职业教师,痴迷于"法轮功"邪教,失去理性的辨别能力,可见"法轮功"邪教组织的"洗脑"能力是非常强的。他们利用佛教"法轮""佛法"等名义,在我国吸引了大量的信徒,有很大的迷惑性。"法轮功"等邪教组织严重危害了国家安全和社会安定,国家有明确的法律规定,对参加邪教组织和传播、宣传邪教内容将依法进行严惩。

【防范办法】

1. 善于分辨邪教。大学生要掌握邪教的基本特征和骗人手法,发现邪教宣传品、反宣标语、电话、短信或邮件等,或有人散发、印制反宣品,要做到不听、不信、不传,并拨打110报警或报告学校保卫部门。

2. 收到印有邪教宣传内容的人民币,不要继续使用,可到银行兑换。

3. 发现有人组织邪教秘密聚会或参与邪教活动,应积极向公安机关报警或报告学校保卫部门。

4. 发现亲属朋友误入邪教歧途时,要从关心爱护的角度耐心细致地说服劝阻。

【辅导员信箱】

1. 你看到过邪教组织的反宣品和标语吗?如果看到,你会怎么做?

2. 你能够根据邪教组织的一些特征分辨出邪教组织吗?如果有人以各种花言巧语拉拢你,你能坚定信念吗?

→【链　接】

学生出国(境)学习交流期间注意事项：

1. 学生在派出期间应自觉维护祖国尊严，遵守我国和所在国家或地区的法律和法规，了解并遵守本校和前往学校或机构的相关管理规定。恪守学术道德，保守国家机密，遵守知识产权的有关规定和管理。

2. 加强对异域政情、社情和文化的了解和适应能力，尊重所在国家或地区的社会规范及风俗习惯，特别是宗教习俗，不得随意参加宗教活动、接受宣教活动。

3. 了解和掌握出行安全知识和必要的应急避险常识，确保出行时间、地点和出行方式的安全性，维护个人人身和财产安全。随身携带常用及紧急情况下的联络方式，包括报警及求助电话、住所地址及电话、我国驻外使领馆的电话、家人联系方式等，保持与亲属和学校的联系。自己的护照等重要证件，一定要留有复印件在固定处所，以便一旦原件丢失便于补办。

4. 学生在国(境)外学习期满后应按时返校，如遇突发事件不能按时返校，应及时向所在学院提出书面申请，经学院同意后报教务处、外事处备案。学生不得擅自中止、延长学习期限或转往其他国家或地区。

5. 交流期间到达对方学校后，应于两周内将国外或境外住址、联系方式及所选课程及时反馈给相关职能部门和所属院系学生管理办公室，并保持通畅的邮件联系；每个月至少一次向所在院系学生管理办公室汇报学习情况。

6. 尽量减少单独夜间出行，避开一些偏僻或者容易发生偷抢的区域。

7. 外出或者就寝之前检查电源、瓦斯开关以及门窗是否上锁，出远门前请朋友、邻居代为留意房屋安全。

8. 养成自我保护意识，购买当地医疗和意外保险，万一遇到危险情况，舍财保命。

9. 钱财不可外露，不要携带大量现金，不要在宿舍内存放现金，也不要有攀比虚荣的心理，即便是已经熟悉的人也不要过多透露经济方面的信息，尽可能少带现金在身上。

10. 防范偶遇陌生人的问询和邀请，不要单独上陌生人的车，千万不要让陌生人随便入室或者吃陌生人给的食物。

"国家安全五注意"请同学们牢记哦!
一是军工涉机密,偶遇搭讪要注意。陌生攀谈给小利,拉拢策反施诡计。
二是机场和港口,拍照窥视要注意。心怀叵测旅行者,不为留念为窃密。
三是政府办公区,私搭设备要注意。监听监测无信息,国家秘密被盗去。
四是网络平台上,转载发布要注意。不传谣来不信谣,背后势力徒叹气。
五是公共场所中,可疑线索要注意。暴恐活动危害大,群策群力齐防御。
熟记12339,遇事拨打不犹豫。和谐稳定促发展,钢铁长城共聚力。
(注:12339是国家安全报警电话。)

专题二

人身安全

大学生校园生活中的人身安全包括学习中的安全和生活中的安全。学习中的安全是指日常上课（含体育课）及其实践教学活动（诸如实习、实验、军训等）中存在的人身安全风险。生活中的安全主要包括宿舍住宿、课外运动、生活饮食、用水用电、勤工俭学、社会交往、纠纷失控和饮酒失控等几个方面存在的人身安全风险。危及大学生人身安全的主要风险类型有：人身伤害风险、自杀他杀风险、食物中毒风险、疾病传染风险、自然灾害风险、意外事故风险、生活用电风险、设施故障风险、火灾事故风险及其他安全风险。在高校校园所发生的大学生人身安全事故中，绝大多数是可以通过教育、防范和加强安全管理提前采取措施避免的。

防抢劫和抢夺

抢劫,是指以非法占有为目的,以暴力胁迫或者其他方法将公私财物据为己有的一种犯罪行为。抢夺,则是指以非法占有为目的,乘人不备,公然夺取他人财物的一种犯罪行为。这两类犯罪行为都会侵害他人的人身权利,且容易转化为凶杀、伤害、强奸等恶性案件,比盗窃犯罪更具有社会危害性。大学校址一般都选在远离闹市、相对比较安静、适合读书的幽静地段,而且校园绿化非常好,适合隐蔽,这样的环境使犯罪分子有了可乘之机。加之不少大学生缺少防范意识,容易成为被抢劫的主要对象。

【案例点击一】

惊魂两小时

2010年9月25日15:20,某高校公交车站附近,新生们陆续从校外返校,何某、陈某、程某从车站步行前往学校南区门口,被两个社会青年拦住。两青年声称何、程两人很像殴打他们朋友的人,提出要带他们两个人去辨认并恐吓,如果不去,以后要进行报复……于是何、程两位同学被带到了东北人家菜馆,陈某一直跟随。途中经过公交车站、学校东一门等场所,学生一直未求助。两社会青年和三名学生在东北人家门口站了20分钟左右,等来第三名社会青年,然后一起进入二楼的包厢。三个社会青年通过恐吓手段,让三个学生关掉手机,同时要求他们交出银行卡,并逼迫说出取款密码。16:40左右,其中一个社会青年拿卡到自助取款机提现人民币共9100元,返回后把卡还给学生。17:30,三社会青年威胁学生不准离开包厢，否则要进行殴打，随后三人逃之夭夭。17:40，学生开始打开手机，很小心地向班主任老师求助，班主任及时报警处理。

【专家评析】

这个案件中，何某、陈某、程某三人是普通高校的大一新生，到校时间不长，社会阅历较浅，缺乏自我保护意识。在公交车站附近被陌生人拦住后，他们老老实实跟着坏人走，没有向路过的校友、保安、老师求助，失去避免事态恶化的大好机会。特别是两位同学被带走的过程中，第三位同学陈某既没有向老师、保安报告求助，也没有报案，只是一味跟随。学生胆小怕事的表现更助长了歹徒作案。这样，在进入包厢后的一个多小时，歹徒用匕首进行恐吓，并要求交出银行卡和透露密码一直到取钱成功就变成顺理成章的事情了。歹徒离开包厢后，学生老老实实在包厢一动不敢动，没有及时报案，给案件侦破带来很大的难度。

【防范办法】

1. 在遭遇持械抢劫时，同学们尽量不要抵抗，避免人身受到伤害。

2. 不要过于惊慌，但要装作很害怕的样子快速将少量的钱物交出，尽量减少损失。

3. 一定要尽量看清作案分子的体貌特征和逃跑方向。

4. 在案发现场附近寻找电话,以最快的速度报警,以便为公安机关破案提供时间和线索。

5. 不论在什么情况下,只要有可能,就要大声呼救或故意与作案人高声说话。

6. 在单人作案且在没有持械的情况下,如果比抢劫人的身体条件更好或人数处于明显优势,可以借故拖延;环视周围没有同伙时,用语言分散其注意力,之后乘其不备将其制服或逃跑,然后就近扭送保卫部门、公安机关或报案。

【辅导员信箱】

1. 若遭遇抢劫等危险性伤害事件,面对歹徒的威胁,你选择极力抵抗还是先顺从后找机会逃脱?

2. 一旦有机会逃脱,你首先会怎么做?

3. 你对此有何新的认识?

【案例点击二】

女生深夜单独行走　　不慎被陌生男子抢夺手机

2015年12月29日晚11时,某高校篮球场发生一起恶性抢夺案件。女生胡某某单独一人由教学区回寝室途经篮球场,边走边低头玩手机,行至篮球场中间时突然被一陌生青年男子截住,被其推倒在地后抢夺手机一部。抢夺手机的陌生男子随即翻围墙外逃,胡某某双手有轻微擦伤,左胳膊拉伤。

女生胡某某开始以为走近的男子是本校学生,是在其步步逼近时才意识到不正常。作案男子在即将靠近女生时迅速戴上连衣帽后将其推倒在地实施抢夺。女生在被抢夺后仍起身追喊,于篮球场东南角再次被作案男子推倒在地并示以言语及类似刀具的凶器威胁。

【专家评析】

女生胡某某深夜独自一人行走,而且边走边低头玩手机,由于注意力分散,自然会降低身体本能的应急反应。人的五官力量始终是有限的,哪怕用上第六感,恐怕也难以准确感知周遭的一切。同时,胡某某独自在深夜遇陌生人靠近时仍毫无警惕性,等其逼近时再警觉,为时已晚了。

【防范办法】

1. 遵守学校的作息制度,不仅有益身体健康,同时也保证了安全系数,女生深夜外出应结伴而行。

2. 警惕夜晚靠近身边的人,收拾好手上物品,保持距离并快步朝最安全的地方行进,必要时可佯装大声呼叫同伴。

3. 若遇上财物被抢夺(抢劫),跑为上策,尤其是在夜间独自一人时,不要试图追赶,应跑到最近的报警点求助。

【辅导员信箱】

1. 走夜路的时候,你是否有结伴行走的意识?

2. 如遇到可疑人物,你会怎么做?

防传销

传销是指组织者发展人员,通过对被发展人员以其直接或者间接发展的人员数量或者业绩为依据计算和给付报酬,或者要求被发展人员以交纳一定费用为条件取得加入资格等方式获得财富的违法行为。传销分为"南派"和"北派"。南派并不限制人身自由,主要利用煽动性的语言进行洗脑,参与者全凭自愿,随时可以离开;北派则主要采用限制人身自由的方式,甚至进行威胁和殴打,逼迫受害者参与传销。如今还出现了一种新型传销模式:不限制人身自由,不没收身份证、手机,不集体上大课,而是以资本运作为旗号拉人骗钱,利用开豪车、穿金戴银等方式吸引,让你的亲朋好友加入,最后让你血本无归!近年来,高校大学生屡陷"传销门"引起广泛关注,不仅对大学生的身心健康造成了严重伤害,也极大地威胁到高校的和谐稳定。

【案例点击一】

约见网友 误入传销

小军是刚从天津某高校毕业的学生,这天,他离开家去见一名女网友。然而,这一去,就再也没有回家。家人曾经电话询问过小军,收到的回复是:"别问了,我没事。"之后,小军就处于失联状态。原来,小军去见的这名网友,其实是一传销组织的成员程某。当年7月12日,程某将小军骗到合肥一传销窝点。

该传销组织内人员较多。从2014年5月至2016年4月,张某、芦某某、师某某等7人加入名为"黄氏顺心"的传销组织,他们均是"90后",分别来自河南、河北、山东等地,该传销组织在长丰县双凤开发区力高共和城租用了多间房子充当活动场所。

小军被骗来后,该窝点负责人张某安排芦某某等4人对其进行看管,并给其讲课洗脑。随后小军一直被强行拘禁在该窝点内。因小军始终不愿意加入传销组织,张某等5人对小军实施了殴打。

同年7月15日早晨,被殴打后的小军出现异常,神智不清。随后传销组织人员将小军背到楼下。在传销人员背着流血的小军到小区门口时,有人拨打了报警电话。一名开车路过此处的某医院医生对小军及时进行了心肺复苏急救,但遗憾的是小军伤势太重,经抢救无效身亡。经鉴定,小军因头面部受钝性外力作用导致脑干出血死亡。

【专家评析】

这是一起严重的大学生误入传销组织被骗案件。大学生特别是临近毕业的学生往往急于找工作,缺乏经验和识别能力。传销组织牢牢抓住这一点,以超高的薪酬引诱大学生,入圈后立马对其进行洗脑并控制,反抗者则遭受严重的惩罚。小军的不幸正是误入传销组织圈套,最终没能得救。

【防范办法】

1. 别总想一夜暴富的神话,这是防止你误入传销最重要的一点。致富还需勤中求索,莫信传销暴富神话。

2. 保持平常心态。不要把钱想得那么重要,更不要想自己能神速富裕起来,只有通过自己的诚实劳动,才能收获幸福的生活。

3. 增强自身对传销的抵抗力。当你听到有人跟你说"一个人从穷光蛋到百万富翁,最慢需要一年,参加传销就可以坐在家里点钱,明天当老板,成功就在眼前……"等类似的话时,你就要当心!这是传销人员的口头禅,是他们用来骗人最常说的话。

【辅导员信箱】

1. 你身边有没有同学陷入传销组织?如果有,你会怎么做?

2. 你能否辨认传销组织?你身边是否有亲戚或朋友鼓动你加入传销组织?你是怎么做的?

【案例点击二】

李文星之死

2017年7月14日,在天津静海区G104国道旁的一个水池中,有人发现了一具男尸。经过警方确认,死者是两个月前来天津应聘的求职青年李文星。

李文星,23岁,2016年毕业于东北大学资源勘察工程专业。2017年5月在"BOSS直聘"平台上找到一份工作,位于天津的"科蓝公司"。意想不到的是,他所去的根本就不是真正的科蓝公司,而是传销团伙,进去后就被传销分子控制起来,手机被没收……

纵观"李文星之死"整个事件,最令人心酸的是李文星在7月8日打给母亲的最后一个电话:"谁打电话要钱你们都别给。"根据时间推测,很有可能是这个电话彻底激怒了传销组织的成员,导致其被杀害。

一个985高校的年轻毕业生,就这样被骗进了传销组织,并为之付出鲜活的生命!

【专家评析】

大学生虽然有文化,但由于社会经验少,生活及就业压力大,在面对网上或线下所谓"高薪工作"招聘时往往失去理性判断,根本顾不上分辨其中的漏洞和陷阱。

下面归纳一些传销诈骗类型。

最常规的传销骗局:非法集资——看收益,吐本金。看似理财,实为庞氏骗局。如"e租宝"案,从2014年成立到2015年末跑路,用了一年多的时间,将累计交易发生额做到高达700多亿元,实际非法集资500多亿元,涉及90余万人。

最泛滥的传销骗局:微商传销——微微我心,层层分明。如湖北咸宁"云在指间"案,260万人入会,涉案6.2亿元。

最隐蔽的传销骗局:消费返利——消费全返,消费创富。如长沙一家名为"大唐天下"的公司,就大肆宣传这样的口号:"掏钱不仅购物,还能日日不断地赚钱……"

最潮流的传销骗局:新概念外汇——各种虚拟币,国际化口号。如"张健五行币",下线多达18万人,传销头目宋密秋已被中国警方抓获。

最无德的传销骗局:慈善骗局——以爱之名,爱心传递。如"善心汇""振兴中华慈善基金会"等骗局。

【防范办法】

一、自我剖析警示(人最容易犯的错误):

1. 过高地估计了自己的能力;

2. 以自己为尺度衡量旁人;

3. 面对严重的问题常常抱侥幸心理。

二、远期意识防范:

1. 在找工作时擦亮双眼,面对要求低而工资极高的招聘一定要警惕,尤其是那些不提学历技能要求,只要求"对工作怀有极大的热情"的,十有八九都是传销团伙的骗局。

2. 面试之前,用"全国企业信用信息公示系统"或"天眼查"查询自己所应聘企业的信息;如果查询不到相关信息,则果断放弃面试。

3. 一些传销团伙会套用正规公司的名字,比如案例中的李文星遇到的传销分子就是顶着天津"科蓝公司"的名头。所以,应该在面试之前拨打公司官网上的电话问清楚是否有这项招聘计划,以防被"李鬼"公司欺骗。

4. 如果面试地点在居民区内或者荒凉地带,一定要谨慎行事。最好不要独自前往,应让自己的朋友或亲人在外等待,一旦过了约定时间还不出来就果断报警。

5. 去外地面试时,如果对方不说明面试的具体地点,而是主动要求来车站接人,则很有可能是遇到了传销组织,应当放弃面试。

> 【辅导员信箱】

若你的好友误入传销并怂恿你加入传销组织,你会怎么做?

防网络传销

网络传销是利用网络等手段进行传销。组织者通常有自己的网站,通过拉人加入,人拉人然后发展下线,拉得越多就挣得越多,是传统传销的升级。

网络传销主要有以下几种类型:

1. 实物推销

这种是传统传销的网络版,借助互联网推销实物产品,发展下线。但这种模式过分明目张胆,已经被逐渐抛弃。

2. 广告点击

这种是靠发展下线会员增加广告点击率来给予佣金回报,通过网络浏览付费广告获得积分,并由单一的点击广告发展为点击广告、收发 E-mail、在线注册等多种方式并存。这种在线注册多为免费,在我国发现不多。

3. mlm 模式

这也是我们目前发现最多、查处最多的,是所谓的多层次信息网络营销(mlm)模式。如昆山工商局经检大队查获的利用北京欧亚伟业国际商务有限公司网站传销一案中,当事人采取的传销手段就是典型的 mlm 模式。传销载体是北京欧亚伟业国际商务有限公司的网站,该网站宣传提供九大平台,分别为企业策划、个人理财、远程教育、培训、买卖商、宣传服务、信息服务、60mb 空间、管理控制中心,只要交纳人民币 1300 元即可申请到一个用户名,可以使用网站提供的九大平台 5 年。而且,成功加入该网站后,即有资格推荐、发展他人加入该网站,并可以按照推荐成功加入的人数获取积分。

在此案中,拉人头取代了传统的商品销售方式,但本质仍是以下线交纳的入会费来支付上线的奖金,是一种典型的金字塔型的拉人传销。

4.广告提成

近几年来,网上"云广告"盛行,加上广告位的租金越来越贵,非法组织利用这一背景,纷纷花钱买广告位,然后拉取下线买广告位从而获得"提成"的新模式。而且,很多组织利用比较出名的公司或者收费平台,例如支付宝、财付通等进行宣传和蛊惑,利用网民相信合法网站的心理发展下线。

【案例点击】

你的朋友圈被微商占领了吗?

"新手代理刚加入,一天收两个代理!看到你们的进步才是我最欣慰的!""如何吸引意向代理并转化为你自己的代理,牛到不行!""宝贝说干就干,那么迫不及待……"卖面膜的小敏是大二在读学生,是周围朋友圈里最活跃的微商之一。10天时间,小敏就发了93条朋友圈,内容全是"事业",作为一名二级代理,她已经很少发布客户使用效果图,更多的是自己的下线们每天的进步和对代理成功学的感慨。一天发这么多条朋友圈,还会有朋友吗?这对小敏来说似乎已经不重要了,在很多"业内人士"看来,透不透支人际关系对他们来说已经不重要,朋友圈已经成了赚钱工具。微信朋友圈的营销者习惯于首先宣扬自己掌握了如何在朋友圈一天加成千上万粉丝的方法和技巧,然后声称自己可以传授对这些粉丝实现高"转化率"的本领。接下来似乎顺理成章,既然这些粉丝能顺利"转化"成客户,那么你作为一名掌握了高端营销思想的弟子,无论在朋友圈卖点啥,都能点石成金了。

曾有微商负责人透露,代理不用交纳代理费,只需购买5套定价为278元的化妆品即可成为品牌代理商。该负责人还透露了一个生财诀窍:除了卖产品,也可以发展自己的下级,"不押货、不押钱,直接按提成赚钱"。如果不按照这样的游戏规则玩,就是这样的"下场":2016

年4月初开始拿货做分销的小敏同时做着一款唇彩和香皂的生意,一个月下来,卖出了8支唇彩,而香皂则"没怎么卖"。在她加入的微信群中,每天都会有培训,但她已经没有耐心再听下去,拉人的方法、怎么互动、怎么点赞,每天都是讲一样的内容。她只做了两个月时间,总共进了100片面膜,卖出去50多片,还都是卖给亲朋好友,其余的不是送人试用就是自己用。

【专家评析】

网络传销案件因其主体的虚拟性、行为跨地域性等特点,与传统传销相比更具隐蔽性和社会危害性。网络传销案件往往蔓延速度快、涉及人员多、波及地域广、涉案金额大,严重损害人民群众的利益,影响社会和谐稳定。主要有以下这些模式:

1. "电子商务"式。不法分子首先注册一个电子商务企业,再以此名义建立一个电子商务网站,并以"网购""网络营销""网络直购"等形式从事网络传销活动。

2. "免费获利"式。社会上出现不少"免费获利""增值消费"式传销行为,宣称"消费不用花钱,免费购买商品""消费=存钱=免费""消费满500返500"等,欺骗性强,诱惑力大,引起不少人的兴趣,最终上当受骗。

3. "网上创业"式。打着"一边上网娱乐,一边上网赚钱""吃着火锅刷着微博,月收入10万元"的宣传旗号。一些网络传销分子抓住年轻人急于创业、渴望成功的心理,以"在家创业""网络创业""网络资本运作""网络投资"为诱饵,欺骗、引诱年轻人上当,从而达到发展会员进行网络传销的目的。

4."网络博弈"式。以玩网络游戏、网上博彩为名,发展会员从事"游戏股票""幸运博彩"等游戏充值卡业务,以直销奖、销售奖为诱饵发展下线。

5."入会返利"式。某些网站宣传一些有"特别功效"的生物保健品,宣称入会后就能便宜或返利,以此进行网络传销。

大学生往往社会经验较少,缺乏辨识度,容易误入传销圈套。网络传销更隐形,蔓延速度更快,一旦误入圈套,后果不堪设想。

【防范办法】

大学生在网上应聘时应注意以下几点:

1. 正规的企业招聘邮箱,是不会使用个人邮箱的。正规的企业使用企业邮箱,有的邮箱是以企业域名(如 yikay.com)为邮箱后缀,所有员工邮箱均为"***@yikay.com"。部分企业招聘人也会使用 foxmail、163 邮箱等相比 QQ 邮箱更为正规的邮箱来发送招聘信息。

2. 正规的公司都会有其注册的工商企业号。通过查询工商企业号,可以查看该公司到底是不是实名注册的真实公司。基本流程:

第一步,在百度搜索"世界信用组织",进入世界信用组织官网简体中文版(http://www.ice8000.org)。

第二步,在下面的友情链接中,找到"国家企业信用信息公示系统",ICE8000 的信用师都是从这个链接登录的,如果有关部门变更了网址,这里的网址也会及时变更。

第三步,根据被查询企业注册地,选择省份。

第四步,输入精确的企业名称,然后按页面提示输入验证码。

第五步,点查询,在查询结果中,明确有工商企业号码。

【辅导员信箱】

1. 你的微信朋友圈是否也充斥着各种代购代理?

2. 对于这种现象,谈谈你的看法。

防性骚扰

性骚扰是危害大学生身心健康发展的一种社会现象。近年来随着女大学生求职求学人数增加,性骚扰事件频发。性骚扰不仅危害受害者的身心健康,还会在很大程度上对高校学生树立健康的恋爱观、价值观等产生负面影响。而在社会层面上,会引发恶性案件,降低社会公德和破坏人际信任。目前高校已有《关于建立健全高校师德建设长效机制的意见》专门针对性骚扰进行法治化管理,其中规定:高校教师不得"对学生实施性骚扰或与学生发生不正当关系",否则将依法给予行政处分。因此高校除了必须重视青春期大学生性健康教育,开设有关应对性骚扰的课程,教育学生如何识别与防范性骚扰,做出正确恰当的应对措施外,还应积极构建高校性骚扰救助中心,通过自我保护、同伴互助与机构救助等多种方式,真正让性骚扰远离校园与社会。

【案例点击一】

遇人不淑　追悔莫及

2018年4月27日14时,一个面色沉重的女生走进某派出所报案。小阳是某高校的学生,她报案称自己遭遇了性骚扰。事情是这样的:这天,小阳像往常一样在教室上课,突然手机震动,又是前男友发来的骚扰信息,两人已经分手了,但对方称其有小阳裸照,威胁小阳与其保持两个月性伴侣关系。

2018年4月23日晚上,对方又威胁小阳去其房间帮忙写一份关于学校跳蚤市场的申请书。小阳去之后,被迫喝了一杯酒,随后便觉得浑身无力,对方将她扶到了房间的床上并试图侵犯她。因为喝了酒,小阳称她不记得当天晚上他们是否发生过性关系,但对方坚称小阳喝酒之后自愿和其发生关系。小阳终于不堪屈辱,向警方报案。

【专家评析】

这是一起典型的校园内性骚扰,女生迫于前任男友威胁与其保持性伴侣关系是愚蠢的,她应该清楚地认识到自己是遭受了性侵犯,若一味对对方顺从,对方只会变本加厉。若对方对自己已构成威胁,应及时向老师或警方求助,不应再同意与对方单独共处一室,造成不必要的伤害。

【防范办法】

学生中的异性纠缠,主要是恋爱中的异性纠缠。这种纠缠分两个方面:一是单恋者的纠缠,一方有情,另一方无意,有情者积极进攻,穷追不舍;二是原来有恋爱关系,因为某种原因,一方提出终止恋爱关系,另一方无法接受,因而苦苦纠缠。为摆脱恋爱中的异性纠缠,希望你能做到:

1. 态度明朗。如果你并无谈恋爱打算,对于那种单恋的追求者,你应该明确拒绝。如果是曾经恋爱过的对象,你要冷静地考虑一下有无重归于好的希望,如果没有,要明确告诉对方,让对方打消念头。

2. 遵守恋爱道德,讲究文明礼貌。在拒绝对方的要求时,要讲明道理,耐心说服,要尊重对方人格,不可嘲笑挖苦,更不能在别人面前揭露对方隐私。例如不要公开对方追求你的情书,不要谈论对方曾经对你有过某种非礼行为等等。

3. 要正常相处,也要节制往来。恋爱不成,但仍是好同学、好朋友,不可结怨,更不可成为仇人、敌人。在交往中,最好节制不必要的往来,以免对方产生"物是人非"的伤感,让对方尽快消除由于失恋所造成的心理上的伤害。

4. 遇到困难,要依靠组织。在你认为向对方做了工作以后,可能效果不大,仍制止不了对方的纠缠,或者发现对方可能采取报复行为时,要及时向老师和领导汇报,依靠组织妥善处理,防止发生意外事件。

5. 女生要自爱自重。女生作风上要稳重,举止上要大方得体,不要刻意追求打扮,不要在和男生交往中占小便宜,不要随意向异性撒娇,以免异性有非分之想。

【辅导员信箱】

1. 你对性侵犯了解多少?
2. 若遭遇了性侵犯,你会选择报警吗?

【案例点击二】

不明情况单独会友,误入虎口幸得脱身

2018年3月6日21时30分,某高校学生小茜接到她同学小强的电话称自己出了紧急状况,要求小茜到附近的一家酒店找他。小茜赶到后,发现小强并无大碍,两人聊了几句,小强便开始对小茜动手动脚。小茜立马察觉到情况不对,试图逃脱。这时,小强突然从背后掏出了一把刀架在小茜的脖子上,并以言语胁迫等方式欲强行与其发生性关系。小茜奋力反抗,最终逃脱。

【专家评析】

如今女大学生自我防范意识较弱,对于危险环境缺乏辨识度。对于异性特别是不了解的异性应提高警惕,对其不合理要求要及时辨别拒绝。如小茜就是不明情况便答应单独去见同学,其实是将自己误入虎口。

【防范办法】

1. 筑牢思想防线,提高识别能力。女大学生特别应当消除贪图小便宜的心理,对异性的馈赠和邀请应婉言拒绝,以免因小失大。谨慎待人处事,对于不相识的异性,不要随便说出自己的真实情况,对自己特别热情的异性,不管是否相识都要倍加注意。一旦发现某异性对自己不怀好意,甚至动手动脚或有越轨行为,一定要严厉拒绝、大胆反抗,并及时向学校有关领导和保卫部门报告,以便及时加以制止。

2. 行为端正,态度明朗。如果自己行为端正,坏人便无机可乘。如果自己态度明确,对方则会打消念头,不再有任何企图。若自己态度暧昧,模棱两可,对方就会增加幻想。在拒绝对方的要求时,要讲明道理,耐心说服,一般不宜嘲笑挖苦。中止恋爱关系后,若对方仍然是同学、朋友,不能结怨成仇人,在节制不必要往来的同时仍可保持一般正常往来关系。参加社交活动与男性单独交往时,要理智地有节制地把握好自己,尤其应注意不能过量饮酒。

3. 学会用法律保护自己。对于那些失去理智、纠缠不清的无赖或违法犯罪分子,女大学生千万不要惧怕他们的要挟和讹诈,也不要怕他们打击报复。要大胆揭发其阴谋或罪行,及时向领导或老师报告,学会依靠组织和运用法律武器保护自己。千万注意不能"私了",因为"私了"的结果常会使犯罪分子得寸进尺,没完没了。

【辅导员信箱】

1. 如果你是女生,男同学要求你单独共处一室你会有所警惕吗?
2. 若遭受了侵犯,你会告诉老师或报警吗?

【案例点击三】

网络交友不慎被骚扰

2015年6月15日，某高校女生高某在网上经某博主APP推荐，下载了一款名为"KZND"的交友软件，因嫌麻烦就直接用自己个人微博账号关联登录，微博头像使用的是自己的照片，结果有个网友开始缠上了高某。对方提出要求与其图片做爱，还说知道高某的学校资料并保存了她的图像照片等，威胁高某说若不同意网上做爱，就要来现实的！高某感到害怕，试图以交朋友的名义来感化对方，但对方很固执，并要了高某的QQ号加为好友。

高某为了进一步了解对方，提出图片做爱不行，可以文字做爱，但对方不肯并继续威胁她互发照片。其间，高某也发了照片，但不是裸露的，并要求对方先发照片过来。对方就提出要高某拍露内裤的照片作为交换，高某就拍了一张穿白色打底裤的照片过去，随即对方也发过来一张穿着内裤的照片。后来，对方又要高某发裸照过去，高某不肯，对方即威胁她……对方一直威胁要高某发裸照，高某越想越害怕，才决定报警。

▶【专家评析】

在半匿名的社交平台，信任这件事本身就很微妙，坏人很多，不少就藏在网络（或电话）的那一头，其真实面目往往就淹没在字节和电波里，当你醒来时才发现是噩梦。

女生高某在网上交友聊天时，安全防范意识薄弱，未保护好个人隐私资料，尤其是在聊天时已发现对方图谋不轨和有过分要求，未能及时中断联系，并互发照片致使对方的不良企图得寸进尺。网络交友须谨慎，若遭遇此类网友，一旦发现对方有过分要求或不良企图，应及时中断交往联系。

【防范办法】

1. 慎用网络交友平台,不要下载来历不明的网络交友软件;

2. 网络毕竟是虚拟的空间,切勿泄露个人隐私资料,尽量不要上传个人照片和标明身份地址;

3. 网聊时一旦发现对方图谋不轨或有过分要求,应及时中断交往联系。遇情况紧急恶劣时,要及时报警处理。

【辅导员信箱】

1. 你是否经常使用网络交友软件?

2. 网聊时发现对方有不轨行为,你会怎么做?

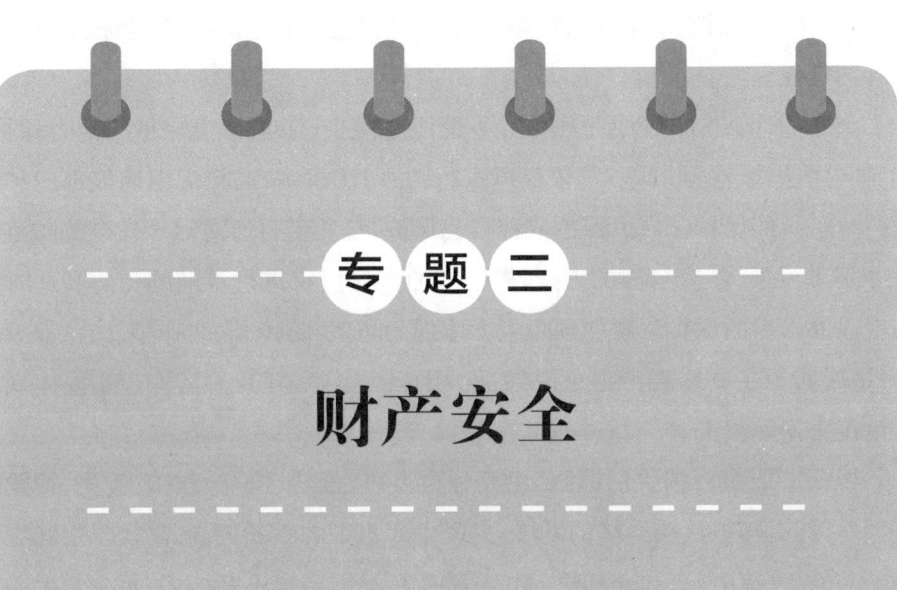

专题三

财产安全

公民财产权利是公民依法拥有的重要权利之一，是整个社会的财产权利体系的重要组成部分，加强公民财产权利的保护，有利于保障公民权利的实现，有利于社会财富的增加，促进社会进步与发展，也是国家、社会和学校不可推卸的责任。

大学生个人财产的保护途径，一是他力保护，二是自力保护。他力保护，就是利用法律、法规和规章，依靠国家行政、司法机关，高校保卫职能部门和其他行政组织的保护。自力保护或称自我保护，是凭借自己对财产安全的防范意识和基本意识，依靠自己的力量，对财产的不法侵害进行事前的预防和适时的防卫以及事后的保护。事前预防主要体现为防盗、防抢劫、防诈骗、防意外事故等；适时防卫主要体现为阻止侵害、正当防卫、紧急避险；事后保护主要体现为惩治侵害挽回损失。

根据造成财产损失的原因，主要分为盗窃、抢劫、抢夺、诈骗、丢失、损毁等类型。目前，随着社会经济的发展、人民生活水平的不断提高，高校学生除生活必需品外，手提电脑、数码相机、MP4、游戏机等财产也不断增多，不少学生的现金数量也颇为可观。他们已成为盗窃、抢夺、诈骗犯的重要目标。

防盗窃

预防和打击校园盗窃是每个在校学生应尽的责任和义务。增强防盗意识，了解校园内盗窃犯罪的基本情况、规律和特点，掌握防盗的基本常识，是做好防盗、保证安全的基础。高校校园发生的失窃案件造成大量财产损失，笔记本电脑、手机、银行卡等都可能成为盗窃的目标，且食堂、图书馆、操场等公共场所往往是失窃案件多发地点，给同学们的学习、生活带来很大影响。

【案例点击一】

一时大意　玉佩被盗

2017年6月18日早上，某高校学生小齐猛地惊醒，今天闹钟没响，她起晚了。慌忙起来，准备洗澡，顺手将脖子上的玉佩取下来放到桌子上。快速洗了澡，穿上衣服，就拿着书本慌忙去上课了。

下课后小齐回到寝室，发现寝室的门没有关，正疑惑着回到自己的铺位，准备坐下，突然一惊，慌忙摸了摸自己的脖子，发现平时佩戴的玉佩不在了。想起来早上洗澡时放在了桌子上，可现在桌子上空空如也。小齐立马意识到，玉佩被偷走了，她马上联系了校保卫处。

【专家评析】

这是一起发生在学生寝室里的盗窃案件。寝室往往是学生保存重要财物的场所。然而，现在许多同学缺乏防范意识，没有随手关门的习惯，导致寝室盗窃案屡屡发生，且丢失物品价值较高。学生上课外出时，寝室往往空无一人，学生因为疏于防范，将重要财物随意放在显眼的地方，往往成为案犯的目标。另外,开学放假期间,往来人员混乱,案犯往往趁学生不备,进屋行窃。

【防范办法】

1. 要养成随手锁门的好习惯。最后离开宿舍的同学,要关好窗户锁好门,千万不要怕麻烦。短时间离开宿舍如去水房、上厕所、串门聊天、买饭、打开水等,也要及时锁门;夜间睡觉、早晨锻炼或上早自习,不要认为室内有人就放松警惕,要随手锁门。

2. 不要留宿外来人员。违反学生宿舍管理规定,随便留宿不知底细的人员,就等于引狼入室而将后悔莫及。

3. 发现形迹可疑的人员应加强警惕、多加注意。作案人到宿舍行窃时,往往要找各种借口,如找人或推销商品等,伺机行窃。遇到这种情况要及时向保卫处汇报。

4. 放假期间,因多数学生回家,留校的少数同学不上课,来往人员较复杂,此时应加强公寓管理,防止发生盗窃案件。

【辅导员信箱】

1. 在寝室你将自己的财物存放在什么地方?
2. 你或者室友有遭遇过寝室失窃吗?

【案例点击二】

"随手一拿" 顺手牵羊

2017年11月27日傍晚,某高校的图书馆里坐满了学生,大家都在安静地看书学习。突然一声惊叫打破了安静的氛围:"我的电脑呢,谁拿了我的电脑?"

这天,小徐和往常一样在图书馆看书写论文,坐了一下午,十分疲劳,他揉揉双眼,起身去上厕所,将笔记本电脑留在座位上。上厕所回来后,他惊讶地发现自己的座位上只有几本凌乱的书籍,自己的笔记本电脑不见了踪影。他焦急地问旁边的同学谁拿了他的笔记本。由于周围同学都在专心看书,又不认识小徐,没人知道谁拿走了他的笔记本电脑,小徐慌忙向校保卫处报告了情况。

【专家评析】

图书馆是公共学习场所,往来人员较多。学生经常将笔记本电脑、手机等带来学习使用。因为疏于防范,认为图书馆是安全的地方,往往将笔记本电脑、手机或其他重要物品,随意摆放在桌面上,自己离开上厕所、吃饭、占座。正因为学生放松警惕,让犯罪分子有机可乘,"随手一拿"顺手牵羊。加上其他自习同学专心学习,很难关注到可疑人物,损失何止几百。

【防范办法】

1. 物品摆放不随意,无论是外出就餐还是在室内,自己的物品一定要保管好,做到包不离身,或存到储物柜中。

2. 在图书馆等公共场所也要保持警惕,当桌上放有贵重物品时,短暂离开应请求周围信任的同学帮忙保管。

3. 在图书馆看到形迹可疑人员,应及时上报。

【辅导员信箱】

1. 你是否有用电脑或其他私人物品在公共场所占座的习惯？
2. 通过这则案例的学习，你有什么体会吗？

【案例点击三】

机不离身　离身则丢

2017年12月19日中午，天气难得有点暖和，这在肃杀的冬季是极为难得的好天气。某高校学生小范觉得在这美好的午后，一定要去操场踢足球锻炼身体。他和社团的同学约定好时间，一伙人一起到操场准备踢球，可是手机能放在哪里呢？小范同学环顾四周，发现主席台下有一片空地，于是决定将自己的苹果手机放在主席台下。小范同学踢了一下午的球，觉得体力不济准备回宿舍，走到一半，突然想起自己放在主席台下的手机，连忙回去找手机，却发现主席台下什么也没有。他苦苦回忆，怎么也想不起来有谁经过过那里。

【专家评析】

机不离身是现在很多大学生的习惯，许多同学外出运动也一定要带上手机。但运动的时候，手机不能携带在身上，只能放在操场周围、篮球架等裸露的地方。同学在运动的时候，往往没有心思关注自己的财物，疏于防范。操场上人员密集，财物被顺手牵走也不易察觉。等同学们再回来寻找，早就不见了踪影。

【防范办法】

1. 加强自身防窃防盗意识，不论何时何地都应保持高度的警惕性，保管好自己的财物。

2. 运动前最好将手机放在宿舍或储物柜内，以免失窃。

【辅导员信箱】

1. 你会在上体育课或运动的时候随身带手机等财物吗？你是如何保管的？

2. 一旦发生操场失窃案件你会怎么做？你有哪些认识？

【案例点击四】

"好基友"集体丢手机

2016年11月9日中午，某高校学生小林上完最后一节课，打算和室友三人，一起去食堂就餐。他们有说有笑地走到食堂，发现密密麻麻全是人，好不容易挤到打菜队伍里。排队期间，不断有同学从中穿过，十分混乱，前后不断有人挤着他们。小林和室友都饥肠辘辘，满心只想着今天有什么可口的饭菜。

当三个人好不容易打好饭菜坐下来准备进食时，小林的室友突然惊呼起来："我的手机呢？我的手机怎么没了？"小林见状，连忙去掏自己的手机，准备向室友的手机打个电话。可惊悚的是，自己口袋里的手机也不翼而飞。转而问另一个室友小飞，小飞也大惊失色，自己的手机也不见了！准是刚才排队的时候被偷了。这下他们慌了，饭也吃不下，看着密密麻麻的人群，手机要到哪里找？

【专家评析】

食堂是公共聚集场所，人员密集嘈杂，隐患也存于其中。同学在食堂里往往疏于防范，有的同学还将包、笔记本电脑等物品放在位子上，以此来占座，这都会成为案犯的目标。排队的时候，人群拥挤，手机等财物随手放在口袋里，容易被"顺手牵羊"，自己却浑然不知。

【防范办法】

1. 加强自我防范意识，在食堂等密集公共场所更要保管好自己的物品。将手机随时拿在手上，或放入包内，拉链拉好。
2. 不要在公共场所用书包等财物占座而人离开，以免造成不必要的损失。
3. 随时谨防形迹可疑人员，必要时向保卫处报告。

【辅导员信箱】

在人员密集场合你会如何看管自己的财物？

【案例点击五】

崭新的小电驴说没就没了

2017年9月19日晚上，月色分外的皎洁，某高校迎来了放假归来的同学们。小曹同学在这个学期买了一辆崭新的电瓶车，方便自己上课出行。他每天回宿舍，都将电驴停在宿舍楼下的车棚里，那里电驴很多。小曹很少给电驴上锁，这天也是将电驴开回来停好就上楼了。第二天早上，小曹同往常一样，准备骑上小电驴去上课。待他走到停车棚里，没看见自己的白色小电驴，仔细寻找也不见踪影，这下他慌了。电驴没有上锁，定是被人偷走了。他焦急万分，这可是他新买的电驴！

▶【专家评析】

如今大学校园内为了出行方便,加上生活日益富裕,学生拥有电瓶车的不在少数。但学生对电瓶车的保管防范意识却十分欠缺。许多同学没有停车上锁的习惯,随意将车停放在学校各个位置,往往给案犯提供了便利。小型电瓶车重量轻,十分容易被抬走,而无人察觉。

▶【防范办法】

1. 加强自身防盗意识,应养成车离身就上锁的习惯。
2. 将车停放在指定位置,不要随意摆放。
3. 随时留意可疑人员,及时汇报。

▶【辅导员信箱】

1. 在校园内,你有给电瓶车上锁的习惯吗? 你会按规定将车停放在指定地点吗?
2. 看到形迹可疑人员你会怎么做?

防诈骗

当代大学生多为独生子女,父母始终将其庇护在自己的羽翼下,与社会接触较少,生活经验和社会阅历相对不足,尤其是女大学生,容易感情用事,对一些人或事缺乏应有的分辨能力,被自称走投无路急需帮助的"落难者"的花言巧语所蒙蔽,继而慷慨解囊。虽然在校园内和课堂上多有防诈骗的宣传和警示,但大学生上当受骗案件仍时有发生。

【案例点击】

善意被消费　财物被拐骗

2016年11月1日中午11时左右，某高校女生李某某在思源路行至嘉盛银座附近被一外地中年男子拐骗财物共计损失8000元左右（现金1800元、vivo手机一部约2000元以及行李箱一只，内有化妆品和冬季衣服若干）。

女生李某某当天由家返校，正拎着行李箱沿思源路行至嘉盛银座附近时，一中年男子驾黑色丰田车由后面停靠上来，说是要去康达的一个汽车厂找不着路了，问能否帮他手机导航，并说明自己的手机没电。李某某即用手机上网未找到康达厂，这时该中年男子要求借其手机打电话，并说外面下雨邀其坐到副驾驶位上。该中年男子打电话给一生意朋友"我今天来宁波，昨晚开了一夜的车，今天早晨把两个女生给撞了，都受伤了，一个女生伤得比较重，需要动手术，在你那要来的4万元货款现都交到医院里了，由于车被交警扣下，身份证等一些个人证件都在车上，现从医院借了一辆车要去康达厂办事……"，并让对方查一下康达厂的地址。话毕要求再借用手机几分钟，说是等对方回话。

其间中年男子询问李某某家庭及专业，后来中年男子接其朋友电话说马上汇钱过来，先让受伤女生做手术。接着中年男子对李某某说，因身份证及银行卡都在被扣的车上，问能否借她的银行卡用一下，让朋友把钱先打到她的卡上再取出。李某某想他一个人出门在外也不容易就同意了，中年男子就把李某某的卡号报给朋友。几分钟后中年男子让李某某查一下钱汇到卡上没有，没有到账，中年男子立即打电话问朋友为何钱还没汇过来，朋友说钱已汇了，可能是跨行转账需要一段时间才到账户吧。这时中年男子显得很着急地说，那女生急需动手术，如不交足钱，医院是不会答应动手术的，朋友即在电话里给他出主意，说能否先向院方说明汇钱的情况，实在不行就给院长送个红包求求情。这时中年男子边打电话边从口袋里掏出一叠钱交给李某某帮忙数一下,一共2200元,中年男子想了想问李某某能否借他1800元,好凑个整数封个红包给院长,并说将自己的手机抵押,待钱到账后即还给她等话,于是李某某便同意借钱。中年男子接着又说,如不相信可以马上带她去医院看看,李某某就答应了。随后就跟中年男子驾车去医院,在行至环城北路王家路口时,中年男子停下车并拿起李某某的手机边打电话边掏出十元钱,让她去路边小店买瓶矿泉水,等李某某买好矿泉水,车已没影了。李某某这才如梦方醒,在小店奶奶的帮助下报了警。

【专家评析】

骗子走了一条经典路线,而被骗者却盲目地不仅流失了善意,还流失财物……

一是"伪装身份,物色目标":驾豪车、戴名表、穿着讲究,尾随单独行走的女生,以问路搭讪物色行骗对象。

二是"编故事,演双簧":编一个紧急煽情的车祸故事博取上当受骗者的同情心,由此拉开骗局的序幕,再进行情节设计,通过与隐身同伙打电话间接铺陈故事要素,以演双簧来传达他所要表达的信息。骗子没表错情,但你却会错意了。

三是"声东击西,先借后骗":制造借钱借物的理由,先借后骗,从借手机到借银行卡,紧紧围绕着以骗钱为中心。诈骗不是真情告白,声东击西的伏笔足以模糊你的双眼,蒙蔽你的心智。

四是"金蝉脱壳,无影无踪":由借钱切换到骗钱很简单,就在脱身离去的那一瞬间。如何切换脱身?理由太多了:找个卫生间去方便、上个超市去买东西、找个人去问路……这些都是不容置疑的正常理由,只要离开了你的视线就成功了。大多数结局是这样的:他悄悄地走了,你还在静静地等,只等到花儿谢了才如梦初醒……

【防范办法】

1. 善意需要理性的释放。在日常生活中是要善待他人,但善意一旦被劫持,其结果就事与愿违。善意,有时候像一个盲目的向导,它夸张地向你展示不远处即将响起的掌声,但不幸的是,一不小心你的善意就可能成为骗子的消费品。

2. 掌握矜持的社交原则。在生活中也要学会矜持待人,有些事在未得到验证之前,应抱紧双臂,小心翼翼地遵从常规的言行方式。矜持,也是一种安全意识,是一种无形的自我保护。

【辅导员信箱】

1. 你是否遇到过乔装拐骗的人员?你是怎么应付的?
2. 乔装拐骗发生的过程是怎样的?
3. 我们应该秉持的社交原则是什么?

谨慎网贷

近年来,一些大学生基于攀比心理,出于消费购物、创业投资等目的而参与"校园贷""网络贷"。

所谓"校园贷""网络贷"是指一些不法分子利用高校在校大学生急于参与社会经济事务活动的心理特点,以提供"创业资金""消费贷款"为由,为在校大学生开展所谓的短期、小额的网络贷款业务。由于在校大学生社会经验缺乏,法律风险意识和安全防范能力较弱,又不谙"校园贷""网络贷"与正规贷款之间的本质区别,部分大学生在"薄利多销"贷款业务条件的引诱下,就可能落入不法分子精心设计的圈套。

"校园贷""网络贷"的放贷人进行放贷时,会事先要求大学生提供学生证、身份证复印件,并要求学生留有本人及老师、家人的详细信息。一旦可能发生"贷款"逾期的情况,部分学生可能又会进行"循环贷"或转向其他的"贷款机构"进行"连环贷"以获取资金。当这种"拆东墙补西墙"的方式难以维系时,最终导致"贷款"逾期。此时,放贷人就会通过各种方式恐吓、威胁学生本人及其父母,或者以电话、短信等方式不断骚扰老师,要求学生归还本金与高额的"利息"。这种"软硬兼施"的"索债"方式,不仅对校园正常的教学科研管理秩序造成严重的影响,而且给学生及其家人的人身财物安全造成严重的危害。因此,大学生应增强辨识与自制能力,拒"校园贷""网络贷"于千里之外。

目前以大学生为涉贷对象的"校园贷""网络贷"案件主要有:被骗涉贷、创业涉贷、中介涉贷和高消费涉贷。

【案例点击一】

轻信小额贷款　借钱变骗钱

5月29日,某高校学生张家林(化名)欲投身自主创业。因资金不足,张家林想通过借贷的方式来进行筹措。考虑到银行利率较高,张家林就在网上搜索,发现一家小额贷款公司愿意以较低的利率帮助其解决融资问题,遂通过微信联系对方。对方称张家林的银行账户流水综合评分不足,要求其本人先将手头上的所有钱都打入农业银行账户。随后,对方又以提高流水综合评分为由,要求张家林将钱打入对方账户。张家林先后向对方账户转账近3万元后,对方将其拉黑,张家林方知被骗。

【专家评析】

犯罪分子先将无抵押、无担保、低息等诱人的贷款条件信息发布在网络上,诱骗当事人上钩。有的以需要提前预付利息、支付保证金等为理由要求贷款者汇款;有的则要求当事人向指定账户汇款进行所谓的验资以证明还贷能力;有的则以方便将贷款打到指定银行卡为幌子,要求当事人到银行开通一个新账户,并办理银行"关联"操作。而事实上,按照这种"关联"业务相关规定,当事人一方的钱会在不需要确认的情况下就可以被对方直接扣走。还有的要求当事人重新开一张银行卡存入保证金,以有办卡任务业务绩效需要等为借口,要求当事人将银行卡上的信息登记为犯罪分子的手机号码,并诱使当事人将银行卡绑定在自己的支付宝账号上,再利用支付宝的转账功能将当事人卡内的所有钱财转走。

【防范办法】

1. 不被无抵押、无担保、低息、无息等利益所引诱。
2. 不参与网络贷、校园贷等非正规贷款业务。

【辅导员信箱】

1. 你知道网络贷、校园贷的危害吗?
2. "贷款诈骗"过程是如何发生的?

【案例点击二】

退款不成就用刷单提高信用分?骗人!

2018年1月11日下午,某高校学生王萍(化名)接到一自称为淘宝卖家联系人的电话,该"联系人"表示:王萍之前在淘宝上的一笔订单出现了质量问题,她要把钱(约50元)退还给王萍。过程中,王萍同学发现退款始终无法成功,对方表示是由于其芝麻信用分不够所导致,希望她通过分期乐APP平台"借款刷单"来提高信用分。王萍同学分三次从该平台借款1万元,另从支付宝借款900元,然后以Q币充值的形式分几次转给对方。之后对方失联。

当晚19:30,王萍意识到被骗,报学校保卫处后在室友的陪同下前往公安机关报案。辅导员接到学校保卫处的情况通报后,电话联系王萍了解事情经过,并对其进行心理安抚。1月12日早上8:30,辅导员与王萍进行谈话。王萍同学详细说明了被骗经过,并表示今后会吸取教训,不再上当。1月12日下午13:30,王萍的家长来学校。学校与其家长就后续处理进行了沟通,并建议家长尽快还清贷款。谈话后,王萍的家长将网络平台借款一次性还清。

【专家评析】

此类网贷之所以发生是因骗局而起,其贷款行为并非当事人的本意。诈骗人利用受害人正好在网上购买过相应的物品,不懂网络购物后退款的相关流程等而实施诈骗。事实上,退还网上购买物品的过程中,退还者不需要互联网借贷,更不需要向卖方转账汇款。如对方要求借贷汇款,一定要提高警惕,因为这可能就是一场彻头彻尾的骗局。当接到所谓的网络购物平台"客服"电话时,应事先向原卖家进行核实,千万不要随意向"客服"提供的账户打款或进行Q币等虚拟货币的充值。

【防范办法】

1. 不要轻易相信陌生人以"客服""卖家"等名义的来电。
2. 看到"质量退款"等信息时应提高警惕。
3. 网上借款"刷单提高信用分"多为骗局。

【辅导员信箱】

1. "刷单"是不是骗子们惯用的伎俩?
2. 你会为购物退款而进行网络贷款吗?

【案例点击三】

创业失败 涉贷背债

2017年9月开学以来,某高校信息工程学院辅导员李老师多次接到关于学生陈争锋(化名)欠债不还的陌生手机短信与电话,并发现其未交学费,李老师尝试联系陈争锋本人未果。10月17日,李老师接到北京某法院电话,陈争锋因欠债逾期未还被人告到了法院,法院已经将传票寄送给学校。李老师到学校传达室查看,果然有北京某法院寄给陈争锋的挂号信,遂于2017年10月18日将这一情况通报陈争锋的家长并要求家长联系其本人。10月21日,陈争锋在其家长的陪同下到学院说明情况。经了解得知,2017年3月,陈争锋开始投资创业,并在网上多家贷款机构申请贷款,后创业失败。因逾期未还清贷款,陈争锋"失联",网贷机构根据陈争锋预留的辅导员电话号码进行"追债"。

事后,陈争锋在家长的帮助下还清贷款,并补交了学费,表示将深刻吸取教训,安心完成学业。

【专家评析】

任何的创业投资均有一定的风险,大学生们在"创业"的过程中,一定要对自己的创业项目进行事先的风险评估。本案中,当事人陈争锋就是因为对创业项目未进行事先的风险评估,高估自己的创业能力而申请网贷。当创业投资失败、资金链断裂而出现"网贷"危机时,他又抱着"躲"的思想玩"失踪",最终因贷款逾期而陷入"司法危机"。

【防范办法】

1. 对创业投资的项目应进行事先的风险评估。
2. 不要从事超越自身承受能力范围外的风险投资。

3. 涉及较大金额的创业投资应事先与家人协商。

【辅导员信箱】

1. 你有创业的想法吗？如果有，那么你对创业项目的投资风险了解有多少呢？
2. 你会为创业投资而参与网络贷款吗？

【案例点击四】

高消费涉贷

2017年5月6日，某高校商学院辅导员吴老师在检查中发现国贸专升本161班学生夏丹妮（化名）未在校上课。经询问同学得知：夏丹妮平时消费较高，有超前的消费观和超越其承受能力范围的消费行为。5月1日，其曾经告知同学说去泰国游玩了，但至今未归。当日下午，吴老师将此情况通报其家长。

5月10日，夏丹妮在其家长的陪同下回到学校。经了解，该生家境并不宽裕，曾多次向老师、朋友和正规借贷平台（银行、支付宝、微信等正规平台）借款，尚未参与高利贷等不良校园贷的活动。学院对夏丹妮本人进行了批评教育，并催促夏丹妮及其家长陆续还清债务。

【专家评析】

一些大学生安于现状，满足于现有学识与见解，不思进取。受享乐主义思潮的影响，他们将对知识的追求置于脑后，却热衷于进行超前消费、贷款消费，最终可能导致的结果是学业上一事无成，整个家庭债台高筑，使家庭陷入"经济危机"。

因此，大学生应加强对世界观、人生观、价值观的学习，自觉提高对是与非、对与错、美与丑的道德标准的判别和选择能力，树立诚信意识、法律意识、家庭意识、经济意识、责任意识和安全意识,能够以社会普遍的道德标准来约束内心世界,规范控制自己不良的外部行为,深刻认识超前消费、贷款消费带来的危害,以饱满的热情投入学习。这是将来成为社会有用之才的需要所在,更是为自己家庭托起"明天的太阳"的希望所在。

【防范办法】

1. 深入认识超前消费背后隐藏的危机。
2. 不要从事超越自身承受能力范围的消费行为。

【辅导员信箱】

1. 你了解超前消费行为可能带来的不良后果吗?
2. 银行贷款逾期可能会面临什么法律风险?

专题四

心理安全

受当前社会转型和家庭教育、个体发展的多重影响,大学生由于心理问题而导致的安全事件屡有发生,且呈现日益上升的趋势。

大学生的普遍年龄一般都在 17~25 岁之间,从心理学的角度来看,正处于青年中期。这个时期的特点是:世界观已经初步形成,但自我意识发展还不成熟,思维具有主观、片面的特性;逻辑抽象思维能力有所增强,但意志品质不稳定、不平衡;渴望友谊,性意识觉醒,但情绪波动较大。因此,在特定情境和特定时段,因为一些不良刺激就会引起心理异常,造成心理障碍,严重的可能会造成神经症以及一些精神疾病的发生。部分大学生在学习、生活和情感上遭受了挫折或误会,或遇到了某些变故或刺激,便会在求得精神解脱和心理平衡的过程中采用一些不适当的方式,有的甚至会出现自残和自杀行为。

根据有关学者的调查研究,影响大学生心理安全的七个主要因素分别为:消极自我评价、担心害怕受伤、自卑、抱怨外界环境、害怕被人取笑、担忧未来、人际关系苦恼。分析这些因素,目前大学生心理安全出现问题的主要原因不外乎以下三个方面:一是大学生没有系统地接受心理安全教育,缺乏一些自我调节的技能;二是许多大学生的适应能力和承受能力较差,很难接受新环境的变化,也无法承受一些情感问题、未来发展问题带来的压力与挫折;三是个性上的一些缺陷,如人格偏执,容易冲动或懦弱退缩。

对青年学生来讲,大学阶段学会观察和内省自我,学会感受和控制自己的情绪,是促进心理健康的一个重要方面。大学生除了要学会对外在世界关注,更要学会将视角朝向内在,在生活中感受自我情绪的来源,体验这些情绪,才能真正了解自我和情绪的来源,从而提高个体的心理安全水平,促进心理健康。

值得注意的是,大学生除了要积极关注自己的心理变化,提高自己的学习能力,增强社会适应能力和承受挫折的能力,接受心理辅导或专业的咨询也是一个非常有用和重要的途径。必要的时候,应到医院进行检查和治疗。

珍爱生命 远离自杀

大学生是一个特殊的群体,是一个充满激情、勃勃生机的群体。他们拥有知识和青春,是社会生活中最有生命力的一个组成部分。他们的生命从一定意义上说比别的群体能够创造更大的经济价值和社会价值。大学生的自杀行为不仅会给一个美满的家庭带来永久的伤害,也会给社会带来不稳定的因素。

【案例点击一】

沟通不畅竟轻生

2016年3月20日下午,某高校一名大三女生在宿舍自缢身亡。据她的同学反映,最近该生情绪比较低落,不太愿意跟人说话,经常一个人在宿舍待着。事发前一天,她还在朋友圈说:真是痛苦。而她的爸爸在接到噩耗的时候,连说"怪我怪我"。经了解,该生在寒假期间因为是否要考研的问题和家长发生了争执,尤其是女生的爸爸,当时态度比较强硬,一定要让她考研,继续深造,以便将来找个更好的工作。而女生自己比较倾向于早点开始工作。假期因为这个问题双方争吵了好几次,女生都没有改变初衷。开学后,女生对此一直闷闷不乐,既觉得对不起父母的期待,又觉得父母不理解、支持自己,以致后来想不开,还是选择了自杀。该生的父母也后悔不已,痛苦万分,觉得对不起女儿,之前老觉得女儿是个乖乖女,父母的话都愿意听,这次以为态度强硬一些,女儿也会屈服,以后也会慢慢想通的,毕竟是对她好,没想到最终酿成了悲剧。

【专家评析】

　　选择自杀,是想一了百了,求得心灵平静,获得永恒的解脱,这是极其错误的认知,是走上了一条畸形的心理平衡之路。所以,要让对生命的尊重由认知上升到行动,就得给痛苦一个去处。该生的死亡,可以找出很多原因,但核心原因是她没有掌握调整心理压力的方法和技能。当青少年面临和承受心理压力的时候,他们的身心会随之发生一系列的变化。挫折和压力问题如果解决不当,会引发一系列的心理问题,严重时还会出现离家出走、拒绝上学、家庭暴力、交往冷漠、行为偏差、滥用药物、违法犯罪和自杀等情绪障碍及极端行为。

　　心理学表明,我们对将来情绪的预测存在"预见错觉",我们事实上经历的痛苦,并没有事发之前想象得那么痛苦,因为大脑对将来情绪的预测是建立在当时的情绪感受基础之上。所以恐惧是无谓的,失败和挫折没有想象中那么可怕。

【防范办法】

　　1. 认真疏导情绪。在我们遇到压力或挫折时,情绪会作出某种反应。我们应当学会利用合理化(酸葡萄心理)、升华、幻想、抵消、幽默等方法来解决心理压力问题,而避免或减少压抑、否认等方式。

　　2. 积极面对问题。在疏导情绪的同时,认识焦虑的原因,理解问题的产生,避免消极的断言,与人交流、疏导压力。

　　3. 善于运用社会支持。社会支持对于我们的生活有着重要意义,它能够帮助我们抵御心理压力,也能够维护我们的身心健康,提高其生活质量。社会支持的形式,一个是家庭、邻居、朋友、同学和同事等亲密关系,一个是所处的组织、各种"心理咨询"机构或社会救助部门。

【辅导员信箱】

　　1. 心情郁闷了,你会怎么办?
　　2. 你常和家长聊天吗?你觉得他们理解支持你吗?

[案例点击二]

恋爱分手丢性命

2017年5月30日晚,某高校校园内警笛轰鸣,警灯闪烁,原来在一幢教学楼前的空地上发现了该校一名男生的尸体。而在教学楼顶,则发现了十几个啤酒易拉罐。后经警方调查,确认为男生许某酒后跳楼自杀身亡。

事情的直接原因是因为许某失恋了。他和本校的女生白某在公布恋情的时候,被称为"金童玉女",风头一时无双。许某长得高大帅气,家里经济条件不错,白某长得白净高挑,成绩优异。两个人感情浓烈,没多久就到校外开房同居。在后来的相处中,白某逐渐发现许某身上的一些缺点,其中让她接受不了的是,许某缺乏奋斗的激情。或许是因为家里条件比较殷实的缘故,许某觉得大学期间就应该多享受生活,不用过多为将来考虑,正所谓车到山前必有路,大不了可以到自家公司去上班。而白某来自普通家庭,始终有一种危机感,到了大三的时候,她已经确定了要考研究生的想法,并开始为之努力。许某则不太支持她考研,想让她也早些毕业工作。两人开始有了分歧,好长一段时间都没有达成共识。眼看着已经到了大三下学期,考研准备的时间越来越少,白某一气之下,选择了和许某分手。许某为此情绪一落千丈,整日喝酒度日。身边的同学也劝他,恋爱就像一门选修课,这次没过接着重修呗。哪知许某最终还是想不开,在半个月后的一个晚上,自己一人在教学楼顶喝酒消愁,后来就跳楼轻生。

事情发展到这儿,已经让人唏嘘不已,美好的青春因为一次恋爱就戛然而止,许某的死给他的父母和同学们都带来了无尽的伤痛。但是,令人万万没想到的是,悲剧仍在上演。

白某在知道许某死亡的消息后,心情也十分悲痛,对自己的绝情分手有些后悔,也有些自责。警方找她了解过一些情况,也说过许某的死虽然跟她有关,但她没有一点责任。老师也给她安慰,劝告她要着眼未来。但同学当中仍然有些议论,经常有一些言语传到她的耳朵里,诸如像"太绝情了""以后没人敢和她恋爱了"等一些刺激性的话语,这让白某背上了沉重的包袱,也不敢和人交流,心里非常压抑,虽然还像之前一样上课学习,但她整日沉默不语,失去了往日的光彩。谁知道就这样过了两个月后,白某也选择了和许某同样的不归路,从那幢教学楼上跳了下来,当场死亡。

【专家评析】

恋爱对大学生来说是一把双刃剑,一方面它帮助青年心理发展走向成熟,另一方面它又带来各种心理问题。尤其是在面对失恋时,大部分学生都能理智地从失恋的痛苦中解脱出来,但也有不少人一旦失恋,在情绪上就表现出强烈的冲动性和波动性,不能正确认识和对待自己、他人和社会,易产生诸如自杀的极端行为以寻求解脱。另外,外界带来的精神压力过大、人际关系紧张冲突、不良文化的影响等也会导致自杀念头的产生。

【防范办法】

1. 对待失恋保持正确态度。要知道爱情是以互爱为前提的,任何一方都不能强求另一方。失恋后,我们应从中吸取教训,进行情感的自我救护,要用理智来控制自己,失恋不应失态。

2. 敢于争取他人的帮助。树立求助于心理咨询师是一种正常需要的心态,或找好朋友倾吐自己的不幸,争取得到真诚劝慰,把郁结在心头的烦恼发泄出来。

3. 不断调整心态,摆脱自卑的束缚。明白失恋不等于失败,更不等于失志、失德。要以"塞翁失马,焉知非福"的乐观态度来劝告自己,勇敢面对挫折,在事业和生活中确立一个新目标。

4.学会转移,摆脱痛苦。把自己的情绪转移到其他方面,听听轻松音乐、参加文体活动、练习书法绘画,把精力放在学业上,陶冶情操,消除烦恼,升华志向及情感。

➡【辅导员信箱】

1.你知道如何劝慰失恋的同学吗?

2.当你痛苦的时候,你一般会采取什么方式转移情绪?

【案例点击三】

正值毕业,他却自杀了

2014年6月8日晚8点20分左右,在某高校的操场上,两名女生边走边聊,在经过操场一个角落的肋木架时,看到有人在上面悬挂着。两人吓了一跳,赶紧给学校保卫处打了电话。保卫处的保安到场后,发现是一名男生将皮带悬挂在肋木架上自杀,于是将人解救下来。围观的同学中有人报了警,又叫了救护车。警察和救护车很快赶来,将男生送往附近的医院。然而,男生当晚还是走了。

该男生姓朱,是本校一名大四的学生。事发后,公安部门从朱某的电脑中发现了一封遗书,上面写着:"再见大家,谢谢所有关心我爱我的人,这23年我很满足也很开心,我不恨任何人,只是怪我自己太没用,我真的尽力了,现在想想还真有点舍不得。"

据校方反映,正值毕业之际,该生还没有找到工作,之前的实习也不太顺利,并且他有一门英语课程重修了一次还没有通过,暂时拿不到学位证书,再加上家里的经济状况不是很好。警方判断为因压力太大,朱某选择了自杀。

【专家评析】

大学生的自我意识非常强烈,富有理想和抱负,憧憬未来,心理上的需求也相对较多,包括实现自身价值、受人尊重、爱情和审美等等。同时,大学生的自我期望经常会受到外部环境的影响,加上自身生理和心理不成熟,使得他们的心理适应能力面临巨大的挑战。这些心理特点使他们在现实生活中更容易产生各种心理上的反差,导致各种心理挫折,容易选择用极端手段结束自己的生命。在这个案例中,该生就是因为就业的压力、学业的压力、经济的压力在毕业之际集中爆发,这么多不如意的事情集中到一起,引发了他的自杀念头。这些生活负性事件就成了自杀行为发生的直接导火索。大学生自杀意念的产生主要与其本身的年龄阶段和所处的环境有密切的关系。

【防范办法】

1. 转变学习方式,尽快适应大学生活,避免学业压力。大学的学习方式和学习内容跟中学时代截然不同,大学新生要尽快适应这种知识难度大、强度高,强调运用专业知识解决专门化的实际问题的学习方式,避免因为学习成绩下降、挂科等问题导致的焦虑心态。

2. 改变自我中心,创造良好的人际交往关系。因为来自不同的地方和环境,个人成长差异比较大,在人际交往中,要多站在对方的立场想问题,改变一切都是以自己利益为重的观念,实现双赢,从而创造良好的人际交往关系。

3. 主动学习心理健康知识,学会调节自己的情绪,提高心理素质。利用学校的图书馆和网络,主动学习各种心理宣泄和心理援助的方法进行自我教育、自我调节,达到心理与环境、心理与行为的协调统一。

【辅导员信箱】

1. 你选修心理健康课了吗?觉得上课的效果如何?
2. 你考虑过自己的工作吗?开始自己的职业规划了吗?

正视情绪障碍

情绪对于心理健康来说,是至关重要的。稳定而良好的情绪状态,使人心情开朗,精力充沛。相反,如果一个人的情绪波动不稳,处于不良的情绪状态中,而自己又不会调节的话,就会导致心理失衡和心理危机。大学生情感丰富而冲动,社会、家庭、学校及生活事件,都会对大学生情绪产生影响。改造自我,适应环境,建立良好而真诚的人际关系,是非常重要的保持健康情绪的途径。

【案例点击一】

双向心理障碍太痛苦

2017年1月8日晚上,此时正值某高校期末考试前夕,某学院辅导员在微信朋友圈中看到一名董姓女同学发的"对自己再次失望"的信息,就想关心她一下,没想到该生的电话处于关机状态。辅导员心里顿觉不妙,因为刚刚看到她发的消息,马上就联系不到,有点蹊跷。辅导员赶紧给这个学生的班长打电话,让他尽快找到董某。后来,班长发动班里所有女生一起去找,终于在教学楼的楼顶找到了这个女生。此时,董某已经在这儿一个人坐了一个多小时,有了轻生的念头。

董某目前是大二学生,自进大学后就一直郁郁寡欢。之前,辅导员曾找她谈过几次话,了解到她高中期间成绩比较优异,高考前生了一场大病,高考时状态不佳发挥失常,来到了一所自己不太满意的学校,所选专业也是当时自己随便填报的。入校后,就沉浸在与梦想大学失之交臂的痛苦之中,无法投入学习,第一学期就挂了一半的课程,第二学期又有三门课程重修。其间闹过一次退学,其母亲过来陪读了一段时间后不再提及。

在跟其母亲的交流中得知,董某是个要强的孩子,从小成绩就比较优秀,还有几次在全校大会上作为优秀学生发言。但在初三时,父母因为感情不和离婚,对她产生了较大的影响。这个突然的变故,让她内心非常痛苦,变得有些孤僻和自闭,越来越不喜欢说话,越来越不愿意和别人交流,成绩也一落千丈。高中时,成绩又慢慢好了起来,孤僻的性格稍有好转,但还是不太与人交流,跟母亲也不愿意说出心里话,身边也缺少知心朋友。大学未考上理想中大学的失望以及到本校后成绩也并未比其他同学突出的落差,使董某再次受到冲击,更加脆弱不堪,产生了抑郁心理。经常会有逃课现象,整天待在寝室里,不爱和同学们说话,与家长打电话也很简短。

而在此前辅导员在跟她做工作的过程中,她又表现得非常正常,有说有笑,但是完全能感觉到她所说的都是表面的情况,内心还是封闭得严严实实的,不愿意相信任何人。她后来看到她母亲的时候,又表现出非常暴躁的一面。此后董某开始偶尔表现出躁狂状态,心理状态也由最初的抑郁心理转变为后期抑郁与躁狂双向心理障碍。

后来,董某休学并去医院接受了药物治疗和心理治疗。

【专家评析】

大学生因为学业原因、工作原因、情感原因等产生抑郁心理、躁狂心理等现象越来越多,更有严重者由于治疗不及时而发展成为双向型心理障碍,由此而引发的危机事件后果也越来越严重。导致危机最本质的因素是压力和问题的重要性,当个人经历或目睹重大突发事件的发生时,一旦超过其平时身心所能承受的压力,又无法通过常规的问题解决手段去对付面临的困难,便会陷入惊慌失措的状态,从而失去导向及自我控制力。

【防范办法】

1. 树立正确的挫折观,学会正确地归因。我们应当知道,挫折是普遍存在的,也是不可避免的,要随时做好应对挫折的心理准备。同时,尝试改变看问题的视角,在理智客观分析的基础上,采取有效的行为措施。

2. 制订合理的目标。我们要客观评价自己的能力水平,给自己制订符合实际的奋斗目标。在日常生活中,多做些自己感兴趣的事,想办法从最感兴趣的事入手,增进自己的技能,寻找成功的机会。

3. 学习一定的人际交往常识与技巧,经常参与集体活动,积极与同学、老师交流学习,努力构建良好的社会支持系统。

4. 当情绪不佳时,能及时调整自己的情绪,保持中正平和的心态,避免严重心理问题的出现。当感觉心理负荷较重,自己不易调节时,应及时寻求心理咨询师的帮助。

【辅导员信箱】

1. 你平常有什么爱好?经常做自己感兴趣的事吗?
2. 你去过学校的心理咨询室吗?你是怎么看待心理咨询的?

【案例点击二】

考研失败惹幻想

2016年3月10日,某高校一名辅导员接到大四某班同学的报告,说其舍友钱某昨天早上出去后,一直到现在都没有回来,打她的电话也关机了。

辅导员立即联系钱某家长,家长也不知其去向。家长尝试联系该生,也联系不到。在这种学生没有请假离校24小时联系无果的情况下,辅导员将情况上报给学院、学工部及校保卫处,要求扩大危机干预队伍,利用一切资源寻找该生;同时让钱某的家长尽快到校,让寝室同学和朋友一直保持给学生发送消息,促其返校,并及时上报最新消息。

其实,钱某已经是辅导员重点关注的学生。该生性格比较内向,跟身边同学交流较少,说话声音低沉。她父母均为农民,文化程度较低,对其关心不够,与家人关系冷漠,家中还有一个上高中的弟弟,经济较为困难。高中时她就受到当地资助完成高中学业,进入大学后一直申请贫困生补助,自述感觉总是受到他人帮助,自己一无是处,又加上成绩一般,有点自卑、抑郁等负面情绪。后来,该生又起了考研的念头,想要奋力一搏,改变当前处境,但复习过程中不能始终坚定如一,情绪起起伏伏,最后考试成绩并不理想,没有学校可读。当时辅导员问起考研成绩情况,该生控制不住,在电话里哭起来,辅导员当面谈话安抚了她,劝她安心找份工作,认真完成毕业答辩。但后来舍友反映,她的情绪还是较为低沉,时不时在寝室里自言自语,有次还跟舍友讲,她去面试的时候被人跟踪,她打电话报警,警察没有过来处理,她还有所埋怨。平时该生都在宿舍,偶尔外出一下。这次早上起来把笔记本电脑也带走了,床铺也收拾得很干净,但没有跟舍友讲去哪里,直到一夜未归,舍友想起来要报告老师。

学校保卫处通过公安系统了解到,该生的手机定位显示曾在上海火车站附近出现过。在钱某失去联络的第二天,她发给辅导员一条消息,称其感觉很失败,不敢面对家长和老师。辅导员抓住这个机会,对她嘘寒问暖,询问她是否安全、什么时候回校、是否需要帮助等关切问题。钱某向老师表达了感谢跟内疚等友好信号,同时表明会尽快返校。在当天晚上,她终于平安返校。

这次外出,源于她突然想到上海找份工作,重头来过,但她说刚下火车就有人想借她的手机打电话,但她谎称没有手机,没有借给那个人,后来她又感觉被那个人一直跟踪,她怕因为说谎被发现就关了手机。但如何在上海找工作,她没有一点头绪,就在上海乱逛了两天。后来她开了手机接到家长、老师、同学的信息,但不敢回,也不知道要说什么,总觉得大家会看不起自己。到了第二天,她才忍不住给老师回复了一条,终于在老师的劝说下回校了。

经过与该名学生的深入沟通与了解,辅导员发现其心理问题较为严重,反应比较迟钝,对于学校的管理制度毫不在意,仅仅是因让老师和同学担心才感到内疚。家长带钱某去专业心理卫生机构做心理测评,结果显示该名学生患有幻想质的重度抑郁症,并已持续一年多。后来该生被家长带回家进行治疗,在延迟答辩半年后毕业在家。

【专家评析】

该生由于心理危机持续时间长,导致抑郁症的发生,同时兼带幻想质的特性让其容易做出离校出走等行为,若能建立起有效的预警系统,及早地发现该生的心理问题,及时介入干预,那么发展成心理疾病的可能性将大为降低。而对于已发展成心理疾病的学生,其矫正工作必须通过专业咨询师介入干预完成治疗,家长、老师和同学都跟进支持会取得更好的效果。

【防范办法】

1. 主动培养心理保健意识。当前许多大学生难以意识到自身心理问题的

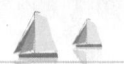

存在,或者羞于直面问题,并对心理危机和精神病两个概念有所混淆。大学生应主动学习相关的心理保健知识,正确了解自身心理特征、问题症状表现及危害,当危机发生时自己会积极寻找外界危机干预,缓解焦虑和不安情绪。

2. 正确对待身边存在心理问题的同学,并积极地把相关情况反馈给辅导员老师,这样有助于及早发现问题,帮助同学早日解脱痛苦。

3. 学校建立心理危机预警机制。健全的心理危机预警机制应具有预测危机、防范危机和处理危机的职能,可对预警对象和范围、预警指标、预警信息进行分析和研究,及时发现潜在的或者现实的危机因素,以便采取有效措施,减少危机发生的突然性和意外性。

【辅导员信箱】

1. 你了解自己的心理特征吗?
2. 当你发现周围同学有些异常的时候,你会报告给老师吗?
3. 你愿意帮助身边有心理危机的同学吗?

【案例点击三】

因空调引发的愤怒

2018年1月15日晚上,马上就到熄灯时间了,某高校男生吴某准备去洗澡,正好室友胡某关掉了空调准备睡觉。吴某就对胡某说,空调先别关,等我睡觉的时候我来关吧。他就打开了空调,然后去洗澡了。

等他洗完澡出来,寝室已经熄灯了,发现空调也已经被关上了。虽然天气有些冷,但他的火气还是腾的一下上来了。因为期末考试结束,其他舍友白天都已经回去了,宿舍里只有他们俩人。吴某就对正在睡觉的胡某大声喊:"是不是你关的空调?"胡某应了一声,吴某怒不可遏,继续大声喊:"你给我下来,把空调给我打开。"胡某没有理他。吴某更生气了,"你为什么要关掉?给我下来,把空调给我打开。"胡某小声嘟囔了一句没有动。吴某见状,随手拿起桌子上的台灯向胡某的位置扔去,并大声喊:"你听见没有,下来。"台灯正巧擦到了胡某的眼睛,他连忙捂住了眼睛。此时的吴某仍在气头上,他指着胡某继续大喊大叫,说了一些骂人的脏话,还叫嚣要打架。

见胡某一直没有说话,吴某终于意识到胡某可能受伤了,于是停了下来,询问,得知是眼睛受伤了,赶紧和胡某一起去医院做了检查。诊断结果为钝挫伤和前房积血,并且眼压较高,需要住院观察治疗。胡某在医院住了一周才出院。吴某受到了学校的处分。

【专家评析】

情绪是影响个体生活、学习和人际交往的重要因素,是情商的重要部分。情绪管理就是个体能够体察和调节各种情绪状态,对生活中的矛盾和事件引起的反应能适可而止地排解,能以乐观的态度、幽默的情趣及时地缓解紧张的心理状态。案例中的愤怒情绪和焦虑、冷漠、抑郁等,都是一种负性情绪。在程度上有不满、气恼、愤怒、暴怒、狂怒等几种。很多大学生常以自我为中心,对他人缺少宽容,别人稍有一些使自己不满意的地方就表现出愤怒,

有的冷面相对,有的恶言出口,有的甚至大打出手,这种不加控制的愤怒情绪,不但伤害了同学关系,也搞坏了自己的心情。

【防范办法】

1. 改变不正确的认知。当我们头脑中常常要求自己和别人一切都"应该""必须"时,我们就陷入了一种不合理的认知之中,常常会因为自己的行为达不到个人认为的"应该""必须",别人的行为不能满足自己期待的"应该""必须",而使自己产生挫败感,导致不良情绪的发生。

2. 正确地表达自己的情绪感受。情绪是健全心理中不可缺少的一面,我们对不正常的情绪就不能过多压抑,而要加以宣泄。当自己有了消极情绪时,如受到别人的误解时,不要压抑,要以不伤害对方的方式表达自己的真实感受,可以告诉他,"你这样做,让我很生气",而不要以报复的方式回击。

3. 合理地进行情绪宣泄。当情绪发作时,人体内潜藏着一股能量,须借情绪的发泄来加以释放,否则积聚起来,将有害身心。大学生心中有了烦闷之事,可以向周围同学、老师或亲友倾诉,并接受他人的帮助,通过自己感情的充分表露与从外界得到的反馈,增加自我认识而改变不适当的行为,采取合理的情绪宣泄方式,可以将自己从消极情绪中尽快调节出来。

【辅导员信箱】

1. 你还知道哪些因学生性格内向、不善沟通而引发的抑郁乃至狂躁问题和由攀比心理或被排挤之类引发的嫉妒案例?

2. 你还知道哪些情绪管理的方法?

恋爱调适

大学生涯对每一位大学生来说,都是一段无法忘却的人生体验。在这里,不管愿意与否,他们都要开始独立地面对真实的生活,都要自主地解决自己的人生难题,从自我意识的发展来看,大学生表现出较多的自我体验;从社交方面来看,大学生的交际范围日益扩大,其中大多数大学生都会经历一种深刻的情感体验——恋爱。

【案例点击一】

"恋物癖"身不由己

2015年10月30日,某高校保卫处又接到本校女生的报案,称自己晾晒的内衣不见了,这已经是这学期开学以来第三次了,因为是住在一楼,每次内衣都被挂在窗户边上,她怀疑是被人偷走了。这引起了保卫处老师的注意,因为在这月初的时候,也有女生类似的情况报案,并且那个女生也住在同一幢楼,也是在一楼。在大概了解了案发时间之后,保卫处进行了布防,每天在不同时间段安排不同人员在女生宿舍楼巡逻,在丢东西的那一幢楼还安排了两名穿便服的保安队员进行潜伏监视。但后来的一星期,没有发现一个可疑人员。直到第九天的下午,保安队员发现一名男生在一幢女生宿舍楼附近一直转悠,并且几次贴近一楼的几个窗户,往里面张望。后来他又一次走近一个宿舍窗户,正伸手去拿晾晒的衣物的时候,保安队员出现并抓住了他。

该男生对偷拿女生内衣的事实供认不讳,供述了前几次作案过程,但又称自己其实不愿意这样做,但又控制不住自己,并称这样的变态行为给自己造成许多麻烦与不幸,常常会感到极大的痛苦。

后来在学校心理咨询师的帮助下,了解到了该男生张某的成长历程:他出生于农村家庭,父亲常不在家而外出打工,夫妻间及父子间缺乏情感交流。再加上其父嗜酒如命,脾气暴躁,在家时常与母亲争吵,动辄打骂妻子,这也造成了该男生自幼胆小畏缩、执拗、内向的性格。九岁时其父母离异。十一岁那年,父亲又娶了一个妻子。虽然后妈对他比较关心,但该生仍然憎恨父亲,怀念母亲,经常喜欢和女孩一起玩耍。十四岁那年，一次偶然的机会他看到后妈洗澡时放在床上脱掉的内衣（裤头、乳罩），当时产生了强烈的好奇心和性冲动。此后常回想此情景，并伴有手淫。高中时谈了一次恋爱，和女友发生了一次性关系，但没过多久女生就和他分手了。该男生为此心情苦闷，借酒浇愁，酒后常拿出女友的内衣（乳罩、裤头）抚摸，同时手淫。在高考暑假后的一天，他在村里闲逛时看到一户晒在外面的女性内衣，心中突然产生一种冲动，迅速上前偷取了一条女三角裤，随即有一种紧张而又满足的感觉。从此，每当他再看到晒着的女性内衣时，就心跳加快，大脑中想法极为模糊，只想取走这些短裤、乳罩。上了大学以后，他一个人远离家乡，没有知心朋友，心情郁闷，又开始搜寻女性内衣，有时去商店购买这类物品，有时就偷拿女生宿舍楼晾晒的内衣，已经有6次了。他自知行为变态，每次也下决心要痛改前非，但每当欲念发作时，又身不由己，不能自制，事后又往往陷入悔恨、自责的深深痛苦之中。

【专家评析】

恋物癖是指经常反复地收集异性使用过的物品，并将此物品作为性兴奋与满足的唯一手段的现象。通过抚摸、闻嗅这类接触性敏感区的物品（如乳罩、内裤、卫生巾）或者异性的头发、腿、脚趾等部位，来获取性快感，达到性高潮。恋物癖一般起自青少年时期，几乎完全是男性，而且大多数患者都是异性恋者，性格相对比较怯弱、自卑、被动，人际关系敏感，生活不顺心，思想压力大，对自己性能力缺乏信心者，无勇气追求成年异性间的性欢愉。事实上，这是一种走捷径的偷步行为，是一种性替代行为。恋物癖患者常因其变态行为而给自己造成许多麻烦与不幸，但却不能克制自己的行为，因此常常会感到极大的痛苦。

【防范办法】

1. 患者欲克服这种有违伦理道德的恋物情结，必须及早求助心理医生，积极投入正常异性间的交往,走正常的性宣泄途径。

2.从个人成长角度来讲,大学生要主动积极培养广泛兴趣,陶冶情操,正确对待自己的性渴求、性欲望,树立正确的恋爱家庭婚姻道德观,积极投身学习、工作和社交活动,充分发掘自己的潜能,争取自我实现,体现自我价值。

➡【辅导员信箱】

1. 你认真思考过自己的人生观和价值观吗?
2. 对于爱情和婚姻你了解多少呢?

【案例点击二】

一起情杀案

2016年10月6日,再过一天国庆假期就结束了。这天晚上,某高校的某幢女生宿舍楼下,一直徘徊着一位30岁左右的男子。

这幢宿舍共有3个单元,宿舍管理人员在最边上的1单元,现在这个男子所在的是3单元,门口有门禁系统,无人看管。终于,趁着一个女生出来的时机,男子借口说已经约好了人就进入楼内。他径直来到楼上某间宿舍,敲了敲门。

开门的是本校的一名大四女生黄某,就住在这个宿舍,是这个男子的前女友。黄某见是该男子,就欲关门,男子伸手挡住了门,挤了进来。因为正值假期,其他舍友都不在,就黄某一个人。

黄某问:"你还来做什么?我们已经分手了。"男子回答:"我来要回我的东西。"两人因为分手的事情已经谈了好多次,黄某已经决定要分手,男生送给她的东西她也还给了他一些。这个男生一直不愿分手,总说有问题他改。他们相识相爱于两年前,这个男子是一名酒吧里的酒水推销员,黄某一次和朋友去酒吧玩,然后认识了他。男子开始追求

黄某,后来两人就确定了恋爱关系。两人在恋爱过程中有过几次吵闹,该男子动手打了黄某两次,因此她才决心要和他分手的。

这次男子找上门来,还是想要跟黄某和好。但黄某意志坚决,始终坚持已经分手,不愿再有关系。没想到,谈到最后,男子见无法挽回,就拿出事先准备好的刀威胁黄某说:"如果你不答应和好,我就先杀了你,我再自杀,我们两人一起死。"黄某还是不愿意和好,不愿妥协。男子见状就拿刀捅了黄某几刀,黄某倒在血泊中。这名男子也割腕自杀,想要同归于尽。

过了十来分钟,黄某已经没有了声响,男子还在流血,见一时半会还死不了,男子就打电话报警自首。

黄某最终没有抢救过来,男子被判处无期徒刑。

【专家评析】

感情不是一帆风顺的,恋爱过程中双方肯定会有吵闹和纠纷,有时因为矛盾太大就会终止恋爱关系,因此学会正确处理恋爱纠纷也很重要。处理恋爱纠纷,要有诚意,应当以双方当事人协商处理为主。如果协商不成,可请朋友和家人出面做工作,前提是你确实处理不好的时候。遭遇恋爱关系中断的情况要持慎重态度,在感情好的时候要看到对方的短处,在分开的时候要看到对方的长处。因为两个人走到一起相当不容易,一定要考虑清楚再说分手。而如果选择了分手,一定要处理好善后事宜。对方寄来的书信和礼物,尽可能退还给对方。一定要和对方心平气和地谈,说清楚。不要什么事都不说清楚就不理别人了,或者说话咄咄逼人,而且对人发火。那样子很容易让别人觉得你很过分,更容易加剧矛盾。

【防范办法】

1. 树立正确的恋爱观。虽然大学生谈恋爱的比例较高,但个人不要有攀比心理,更不要进行物质攀比。恋爱是一种美好的事情,在大学阶段更多提倡一种精神之恋,恋爱双方彼此树立共同的目标,共同努力学习,齐头并进,为彼此的将来和长远做好计划,这样恋爱的成功率也会提高。

2.加强法律知识的学习。大学生大多是成年人,具有独立的民事行为能力,恋爱和婚姻当中会存在民法、婚姻法的相关规定,大学生要了解相关的法律,如果在此过程中一方具有明显过错,也应该追究其相应的民事责任或刑事责任。

3.增强风险防范意识。面对感情纠纷时,要保持清醒,多一分小心,多一点防范,尽快解决纠纷问题,不要因为过去的感情而放松对自身安全的保护。

【辅导员信箱】

1.你会告诉家长自己的恋爱情况吗?为什么?

2.有人说,找一个"三观"很合的人结婚是最重要的事,你是怎么认为的?

专题五

网络安全

在当前的移动互联网时代,大学生基本上每人都有一部智能手机,每人配一台电脑,可以随时随地上网。作为网络最广泛的应用者和最积极的参与者,大学生的学习、生活和观念都由于网络而发生了广泛深刻的变化。但是,虽然很多同学有一些网络知识,却缺乏相应的网络安全意识,对网络安全的忽视导致在使用网络过程中出现了许多问题,也引发了一些安全事故。

当前大学生网络安全所面临的主要问题包括:(1)网络成瘾。按照我国颁布的《网络成瘾临床诊断标准》,网络成瘾分为网络游戏成瘾、网络色情成瘾、网络关系成瘾、网络信息成瘾、网络交易成瘾5类网络成瘾症。(2)网络受骗。很多犯罪分子利用网络平台,通过聊天、购物交易、实习兼职等名义寻找特定目标大学生实施诈骗、抢劫、强奸等犯罪活动,学生信息也在此过程中被泄露扩散。(3)网络道德失范。一些学生有一种网络是个"无规则、无道德"空间的错觉,在一些论坛或平台上使用不文明语言、信口胡说、对别人进行人身攻击或者造谣传谣等。(4)网络犯罪。利用互联网冒用他人网名损害对方声誉、披露他人隐私、危害他人人身权利;利用网络黑客技术危害互联网运行安全;利用网络制作、复制、传播色情淫秽物品;盗取他人网上银行钱财;利用网络进行赌博、毒品交易,泄露国家机密等违法行为。

2016年4月19日,习近平总书记在主持召开网络安全和信息化工作座谈会时提出:"没有网络安全就没有国家安全。应对网络和信息安全的挑战,必须要有正确的理论作指导。"2016年12月27日,国家互联网信息办公室发布《国家网络空间安全战略》,该战略指出当前和今后一个时期国家网络空间安全工作的战略任务之一是加强网络安全文化建设。2017年6月1日,《中华人民共和国网络安全法》正式实施。由此可见,网络安全问题已不仅仅是一个普通网民所要面对的问题,其影响已涉及政治、经济、文化等社会各个领域。大至国家、民族的兴衰,小到单位、个人的得失,网络安全问题所带来的损失是无法用金钱来衡量的,需要我们特别重视。

网络成瘾

网络成瘾是一种由于过度使用互联网而导致的明显的社会和心理功能损害。大学生网络成瘾最典型的行为特征就是他们对电脑和互联网产生了深度依赖。主要表现如下:一是在行为上和心理上对互联网有强烈的依赖感,二是一定程度上丧失自我约束和自我控制的能力,三是正常的学习和生活秩序出现紊乱,对电脑和互联网的依赖及自我约束与自我控制能力的弱化,不但会影响大学生的学习、生活和身心健康,而且还会导致心理障碍。

【案例点击一】

沉迷网络游戏

某高校学生王某来自安徽,家庭贫困,性格内向,为人老实。辅导员在了解到他的情况后,推荐他参加了学院的勤工俭学,每周有几次在老师办公室帮忙做事。可能是学习基础比较差,大一学年的学业成绩不是特别理想,还有两门挂科,老师鼓励他继续加油努力。后来班里的学习委员告诉辅导员,王某这学期经常旷课,一些任课老师都让同学带话让其找老师谈话,王某也一直没去。

辅导员觉得有些奇怪,他在学院的勤工俭学还在正常进行啊,只不过次数减少了,他说要多把时间用到学习上。于是,辅导员就在2015年11月26日的晚上去寝室找他专门谈话。结果发现王某不在寝室,寝室的床上只有凉席和一床被子,没有褥子床单。寝室同学说,天凉了之后,他一直这样,问他冷不冷,他说不冷。有时候晚上不在宿舍住,白天会回来一下。辅导员打他电话发现是关机,这下就有点着急了,连忙安排班里班干部和舍友去找他。学校的教学楼、食堂、操场都找遍也没找到,后来有个舍友提醒说会不会在网吧,之前听他说起过一次。老师和同学又分头去学校附近的网吧找,终于在一个网吧里找到了,王某正在玩游戏。

经过谈话,该生坦白了他这一学期一直沉迷于网络游戏,感觉自己成绩比较差,学不会,跟其他人也玩不来,就自己一个人去网吧打游戏放松,后来几乎天天去,每周有几天会通宵。课也没办法按时上。只是为了不想让辅导员老师知道,才去勤工俭学的。

经辅导员和同学劝告,王某一段时间内停止了网络游戏,但出现周身不适、心烦意乱、易激动、上课注意力不集中、睡眠障碍等现象,后来他再次沉迷网络游戏。网络已经成为其逃避问题或缓解不良情绪的途径,最后他不得不休学回家。

【专家评析】

一般来说,迷恋网络会受到自身因素、家庭环境、学校教育、同伴群体和社会环境等各方面的影响,但主要还是内因在起作用。王某性格内向,不善交际,成绩不理想,他表面上似乎很听话,但内心却有强烈的反叛意识,而网络游戏不过是他这种反叛意识的一种表达方式而已。当然,这是一种不理性的破坏性反叛。众多的网络成瘾案例表明网络成瘾者都

具备如下几个特点:(1)人格发展不健全,明显存在着某种人格缺陷,如过度内向、偏执等。(2)社交能力低下,一般不能与家庭成员之外的其他社会成员进行自由交往。(3)兴趣爱好单一或贫乏,不能自由地通过其他形式缓解自己的不良情绪。(4)头脑简单,心智发展水平偏低,不能对事情的不良后果做出准确预测。(5)脑功能异常,尤其是他们的额叶部与颞叶部往往存在十分明显的低代谢区和低血流灌注区。摆脱网瘾的主要方式是:通过相关专科医院检查,服用相关药物;同时进行心理咨询,家庭和学校也应给予相应的社会支持。

【防范办法】

1. 合理使用电脑。大学生用电脑应主要用于查找资料,完成作业,尽量不要用于娱乐玩耍。

2. 控制上网时间。在网络上打游戏、看电影等休闲娱乐中要自我约束,特别在夜间上网时间不宜过长。

3. 丰富课余生活。平时多培养点兴趣爱好,多去图书馆看书,多参加一些社团或学校活动,多和朋友聊天或外出旅行。

4. 增强体育锻炼。大学期间一定要培养对某类体育活动的兴趣,有计划地安排练习,不断提升,这对自己的身体和发展大有裨益。

5. 注意营养均衡。在饮食上要注意多吃富含维生素和蛋白质的食物,比如胡萝卜、苦瓜、瘦肉、鱼等,少点外卖。

【辅导员信箱】

1. 你计算过自己上网的时间吗?有没有因为长期使用电脑而出现眼睛干涩、颈椎不适、食欲减退等问题?

2. 你身边有学霸吗?你了解过他(她)努力的过程吗?你自己在专业发展上又有什么目标?

【案例点击二】

沉迷虚拟交际圈

2016年5月6日,某大学辅导员接到本院一名专业课老师的电话,称今天要在教务系统里提交毕业论文了,但他指导的大四学生刘某没有提交,打电话过去无人接听,之前的联系都是老师在微信里给他留言的,他经常不回,偶尔回复也只是几个字。同班同学都说好长时间没见到人,也没人听说过他的消息。

辅导员在跟该生家长联系后得知,该生也不在家。家长说一个多月前回学校了,并反映说自寒假回家之后,一直待在家里,也不出去,整天拿着个手机玩,也不是玩游戏,似乎是在和人聊天,从来没见他写过论文,估计毕业要延期了。

辅导员打电话给他也没人接听,后来发动同学在微信、QQ上给他留言,过了两天他才打电话给辅导员说在学校附近租了个房子,现在就住在那里。

辅导员跟刘某见面后,发现他脸色苍白,头发乱蓬蓬的,一副几天没洗澡的样子,说话支支吾吾,半天也不能把事情说完整。租住的房子是和别人合租的,里面也是乱糟糟的,衣服袜子扔得到处都是。

经过辅导员耐心开导,又找刘某寝室同学询问情况,然后到该生家里又见了该生一面,综合各方情况,初步判断刘某患上了网络关系成瘾,送到医院检查后,医院也给出了同样的判断。

因为该生本来就是个性格比较内向的工科男,跟周围人交往不多,也没有什么兴趣爱好,之前下课了经常在宿舍睡觉,平常成绩也不够理想,有三门还是补考才通过的。在大三暑假实习应聘的时候,他应聘了几次都没有成功,回到宿舍后闷闷不乐,寝室人给他出点子修改简历也没有什么变化。后来,舍友都去实习了,只剩他在宿舍里整天待着。

后来,发现他经常玩手机,问起来说是跟人聊天。大家以为他交了女朋友,但听着两人老是聊,从来没听说见面的事。放寒假回到家后,刘某又继续跟那个网友聊天。那个网友头像是个女的,微信语音也是个女生的声音,但他们从来没见过面,并且刘某已经给她充了1500元的手机费。刘某也不愿意再跟其他人聊天了,跟父母也是,经常不按时吃饭,饿了随便找点东西对付。父母见他这样,训了他好多次。后来一气之下,刘某就谎称回学校了,其实是在学校附近租了个房间,整天还是跟网上女友聊天,也不跟老师和同学联系,连毕业论文都还没写,最后延期毕业。

【专家评析】

网络关系成瘾是网络成瘾的一种类型,是指过度使用手机聊天工具、网络论坛等交际功能,沉迷于在虚拟网上建立、发展和维持亲密关系,而忽略了现实中的人际关系的发展和维持,导致个体心理、社会功能的损害。

一般来说,男生比女生、高年级大学生比低年级大学生、工科学生比其他专业学生更容易产生网络关系成瘾,主要是因为女生对人际关系更加敏感,现实人际交往多好于男生,部分男生为了弥补现实人际关系的不足,就更容易依赖于网络中建立的人际关系。高年级学生因为上网更便利,课余时间更多,而且大四学生面临考研找工作等压力更容易在网上向网友倾诉释放压力,因而网络关系成瘾的可能性更大。工科学生可能因为更大的学业压力以及不太善于交际艺术,更容易在网络上弥补现实人际关系的不足,造成更高的网络关系成瘾倾向。

【防范办法】

1. 个体加强对网络的合理利用和情绪调解能力。成瘾大学生长期沉迷在虚拟交际圈里不能自拔,与缺乏自控意识有着重要联系。还有很多学生在现实生活中遇到挫折后,往往找不到发泄的渠道,而虚拟聊天社区则为他们的发泄提供了场所。因此大学生要认识到网络关系成瘾的危害，自主掌控好网络使用的时间，避免经常带着情绪上网，在网络上发泄不良情绪；尝试用运动、看书、旅行等方式来调解自己的情绪，保持一份愉快的心情。

2. 班集体加强对性格内向同学的关心。长期处在缺乏关怀、人际关系紧张的环境中的大学生，往往会对网络虚拟世界产生依附感。正是由于现实环境的各种不如意，一旦他们在网络世界找到合适的"心灵窗口"，他们就可能把大量的时间用在网络交际上面，以逃避现实。因此，班集体应定期开展相应的活动，积极创造能够让班级同学进一步认识和熟悉的机会；班干部主动关心性格相对内向的同学，创造机会让他们在同学们面前多展示、多说话。

3. 学校加强对不良信息的监管和学生思想的引导。在各种各样的虚拟交流社区，比如论坛、贴吧等，往往充斥一些"恶俗""毁三观"的言论和恶搞图片，这势必会对大学生的健康发展造成一定的负面影响。学校应利用网络技术，加强对不良信息的监控和阻拦，同时，从思想上对学生进行人生观、价值观、世界观的科学引导。

【辅导员信箱】

1. 你身边有喜欢网上跟人聊天、现实中不怎么跟人说话的同学吗？有没有你一直没怎么说过话的同学？

2. 你可以说出班级里全部同学的名字吗？你们班级会经常举办一些活动让大家都参与进来吗？看过上述案例后，你会为班主任提几条工作建议吗？

网络受骗

通信网络诈骗是指以非法占有为目的，利用电话、手机、互联网（如 QQ、微信、微博、论坛）等通信工具，采取虚构事实或隐瞒事实真相，骗取较大数额公私财产的犯罪行为。频繁发生的以在校大学生为侵害对象的通信网络诈骗案件不仅对当事人造成财物损失，同时也给当事人的身心健康造成伤害，并影响高校正常的校园教学、科研和生活秩序。

因诈骗分子采用组织严密、内部分工明确、层级分明、环环相扣,成员间联络隐秘的团伙作案方式,借助设备和电信服务供应商的力量进行高度专业化和职业化的操作,具有极强的反侦察能力,公安机关很难破获此类案件。为预防和减少同学们涉案被骗的可能性,目前最为有效的手段是自觉加强对识骗防骗知识的学习,提高识骗拒骗的能力。

目前以大学生为诈骗对象的通信网络诈骗主要有:兼职刷单、冒充客服、网络贷款、虚假账号、冒充熟人、冒充公检法等六种常见的发案类型。

【案例点击一】

兼职刷单被骗

2016年4月20日,某高校学生许某报警称:昨天,他在教学楼公共洗手间看到一个"兼职刷单,保证赚钱"的小广告,他就通过上面预留的QQ和对方取得了联系。对方给许某介绍了刷单操作的流程和结算佣金的方式,发来了一张申请表让其填写,过了一会儿就告知面试通过,可以安排工作,一单一结。随后,对方发来一个网址链接,打开是一个600元的淘宝商品界面,让许某选定该商品提交订单,同时发给他一个支付宝二维码,让许某扫码。扫码后,许某的600元就转给了对方。过了一会儿,对方又把许某的600元和佣金返还到他的账户中。然后又发了一个链接,是1200元的,许某提交订单之后却没有收到返款和佣金,于是询问原因,却被告知系统卡单了,他还需要再刷1次才能返款。许某又刷了一次,支付了1200元,但还是没有收到本金和佣金。许某就觉得有点不对劲,质问对方是不是骗子,并要求对方立刻退钱,但对方已经把他删除了。许某于是赶紧向学校所在地派出所报警。

【专家评析】

这起案件是骗子以兼职帮淘宝、京东等网店刷信誉或刷单为由,让学生进行实物虚拟购买,骗取学生刷单购买时支付的本金,并以多次刷单才能返回本金及佣金等理由实施诈骗。要知道虚拟刷信誉本就是违法行为,虚拟交易中极易发生本金支付后被骗的情况,而且骗子还会把木马病毒藏在一些刷单的链接里面,点击之后会导致自身网银密码被盗取。

【防范办法】

1. 不要轻信网上刷单广告内容,骗子们把刷单当借口,用简单的要求和丰厚的利益来吸引眼球。要记住天下没有免费的午餐,对于可以轻易获取高额回报的工作要保持高度的警惕,不要轻易相信。

2. 寻找网上兼职要通过正规可靠的平台,拒绝需要预付保证金、先行垫付资金的兼职工作。寻找网上兼职时不要轻易泄露自己的个人信息,也不要轻易点击对方发过来的链接,更不要在链接的页面上填写自己的银行卡号、支付宝账号及密码等信息。

【辅导员信箱】

1. 你知道那些"转账记录""聊天记录""买家好评"都可以由软件自动生成吗?

2. 你想要实习吗?实习的目的是什么呢?

【案例点击二】

退款还需先汇款?

2018年1月12日,某高校新闻专业学生陈萍(化名)接到自称是淘宝商家的电话,因其之前买的一款牛仔裤,由于质量问题,现要给其退款。由于之前正好买过一条牛仔裤,陈萍遂信以为真,与对方加了微信。聊天过程中,"店主"说退款前陈萍要先通过支付宝"蚂蚁借呗"借款,陈萍将钱汇过去后,他会把钱返还给她。陈萍同意后,就通过支付宝"蚂蚁借呗"贷出1万元,并将钱转到自己的银行卡内。"店主"发给陈萍一个银行账号,陈萍通过微信转账的方式汇过去1万元后,对方将其拉黑,陈萍方知被骗。

【专家评析】

此类骗局是利用受害人在网上购买过相应的物品,不懂网络购物后退款的流程、互联网贷款业务而实施的诈骗。事实上退还网购物品的过程中,退购者不需要互联网借贷,更不需要向卖方转账汇款。如对方要求借贷汇款,一定要提高警惕,因为这可能就是一场彻头彻尾的骗局。当接到所谓的网络购物平台客服电话时,应事先向原卖家进行核实,千万不要随意扫描所谓的"客服"提供的二维码。

【防范办法】

1. 不要轻易相信陌生人以"客服""卖家"等为名义的来电。
2. 看到"质量退款"等信息时应提高警惕。

【辅导员信箱】

1. 你会相信不退购物品而给予退款的客服来电吗?
2. "购物退款诈骗"过程是如何发生的?

【案例点击三】

冒充微信好友诈骗

某高校保卫处接公安机关警情通报：2017年3月31日17:07，能源与环境系统工程151班学生王柳意（化名）在微信上收到一条自称为某某辅导员的好友添加信息。相互添加后，对方与王柳意进行简单的寒暄。随后对方称"某书记要求汇款，向其借钱……"，并提供了一个银行卡号。王柳意当时未曾多想，通过网银将自己卡内的5000元钱汇至该账户。汇完后，王柳意再次联系该"辅导员"时，发现自己已被对方拉黑，方知自己上当受骗。

【专家评析】

接到熟人、亲友涉及借款、要求转账汇款的电话，或收到类似的借钱、转账等的微信、短信、QQ或邮件时，一定要仔细分析，辨明真伪，先通过电话或当面核实情况，不要轻易汇款、急着转账。对于自己一时分辨不清的人和事，应向家人、亲友、同学及老师多咨询，直到弄清真相。如分析、咨询相关人员仍无法确认真假信息时，也可以拨打学校保卫处值班电话进行咨询或拨打"110"报警电话向公安机关进行求助。

【防范办法】

1. 接到"猜猜我是谁……""我是你南方的一位朋友……"等电话时，应高度警惕。
2. 接收到熟人、亲友涉及借款、要求转账汇款的各类信息，应当面或电话确认。

【辅导员信箱】

1. 老师有可能向在校学生借钱吗？
2. "冒充熟人的诈骗"过程是如何发生的？

【案例点击四】

冒充公检法等国家公务人员

2016年9月24日，某高校大一学生朱方玲（化名）接到一个陌生电话，对方自称是云南省某市医保中心工作人员，声称有人以朱方玲的名义办了一张医保卡，医保中心正与公安机关一起对此进行调查，因为该医保卡涉嫌骗取医疗保险费1.6万元。接着，一个自称是公安刑侦部门民警的人通过电话联系朱方玲，告知其因涉嫌诈骗罪，需要审核银行卡内资金收入来源是否合法，并进行了所谓的"电话笔录"。后对方又以个人信息泄露，为确保资金安全，要求朱方玲将银行卡内12600元现金转入所谓的"安全账户"，并要求朱方玲保密。朱方玲照办后联系对方，发现电话已无法打通，方知被骗。

【专家评析】

公、检、法等执法机关办理案件，如需对涉及人员和资产进行调查，都会派员（两人以上）当面办理相关法律手续，绝不会在电话中进行事先告知，也不会在电话中指使当事人转账验资，更不会派专人和"特派员"（单独一人）上门。绝对不可能在电话中向涉案当事人要银行卡号及其账号密码，更不会有远程查验资金等做法，世界上也不会有所谓的"安全账户"。凡遇到上述情形时，可以确信这就是一场骗局。

【防范办法】

1. 自觉遵守国家法律法规，不从事违法犯罪活动。

2. 接到自称为公、检、法等执法机关的来电时不要慌乱，应核实其信息的真实性。

3. 公安机关绝没有对当事人进行所谓的电话笔录的办案程序。

【辅导员信箱】

1. 世界上真的存在"安全账户"吗？
2. "冒充公检法的诈骗"过程是如何发生的？

【案例点击五】

交友网站网恋而被骗

某高校研究生赵某，一直没有谈过恋爱，因为家里人几次询问对象的事，自己身边认识的女孩又比较少，看了很多广告，就想在"世纪佳缘网"上找一个。

2017年4月10日，有一个网名为"我妈的女儿最美"、QQ头像图片是一名年轻漂亮的女子主动加他QQ，说是在"世纪佳缘网"上看到他的信息，想认识他。通过一段时间的网上聊天，赵某对这个女孩充满了好感。后来女孩邀请赵某加盟一家网店，她说她自己就在做，开店比较简单，有人帮忙打理，不耽误学习，也可以多一份收入。

赵某对开店这种事本来不感兴趣，但在女孩的温柔攻势下就同意了。4月24日中午，为了给这个陌生但充满好感的女孩留下一个好印象，按照女孩给的账号，赵某汇出了1880元的加盟管理费。

钱汇出之后，再也没什么消息。过了两天，赵某就觉得有点不对劲，想再到QQ上去跟女孩谈，发现已经被拉黑了。赵某一下子懵了，随即就意识到自己上当受骗了，赶紧去当地派出所报案。

【专家评析】

网络诈骗，正以诡谲多变、防不胜防的态势侵入我们的生活，树立牢固的安全观念，常备警惕之心对没有固定收入的大学生而言尤其重要。案例中涉及的加盟管理费是以"淘宝代运营"的名义进行的,是网络诈骗的一种。所谓的"淘宝代运营",就是一个新手想要开网店却一窍不通,又没有时间打理,就可以找一些专业机构托管,从网店注册、货品上架到在线客服、发货退货等所有经营网店的环节,都会有专人提供运营服务。想开网店的人只要缴纳相关的服务费用就

可以了。这次赵同学被骗走的 1880 元,就是所谓的加盟管理费。根据警方后来抓捕的情况来看,这家网店刚成立大半年,老板和几个骨干是亲戚关系,基本上都是"90 后",公司会将业务员包装成"网红"的样子,去各大婚恋网站寻找目标"谈恋爱",然后诱使受害者加盟公司开网店卖衣服,骗取加盟费、链接推广费、VIP 装修费等。这次跟赵某聊天谈恋爱的女生其实是一个男生假扮的。

▶【防范办法】

1. 平时留心已被揭露的诈骗伎俩,多了解些防骗知识,增强防骗意识。

2. 注意妥善保管自己的私人信息,如本人相关证件号码,银行账号、密码等,不向他人透露,并尽量避免在网吧等公共场所使用网上电子商务等。

3. 凡是以各种名义要求你先付款的信息,请不要轻信,也不要轻易把自己的银行卡借给他人。你的财物一定要在自己的控制之下,不要交给他人,特别是陌生人,遇事要多问几个为什么。

▶【辅导员信箱】

1. 你知道"不决断,晚交钱,睡一觉,过一天,再找亲人谈一谈"的防骗口诀吗?

2. 你所在学校开展的防骗活动有哪些?你觉得对你有什么启发?

▶【模拟自测】

测测你的受骗指数

1. 当需要复印身份证时,你怎么办?

    A. 直接交给对方复印

    B. 问清楚用途后再复印

    C. 问清楚用途后复印,并在复印件上标记

2. 你知道自己拥有的银行卡的银行客服电话吗?

    A. 不知道

    B. 每次用的时候再查询

    C. 很熟悉

3. 如果你接到电话通知说你有一张法律传票,你如何应对?

    A. 直接忽略

    B. 找朋友商量是否如约前往指定地点

    C. 咨询相关部门

4. 当你收到含有链接的短信(如中奖、好评返现、满额减)时,你会怎么做?

    A. 点开链接

    B. 询问身边同学朋友是否收到过类似短信

    C. 直接忽略

5. 当你接到一个陌生号码来电时,你一般怎么做?

    A. 正常接听

    B. 确定无用后即刻挂断

    C. 拒接陌生来电

6. 当你在网上下单成功后,收到关于订单异常的短信通知时,你会怎么处理?

　　A. 按照短信提示进行操作

　　B. 上网查询

　　C. 向店家核实

7. 如果你的手机丢了,你第一时间的反应是什么?

　　A. 真是太倒霉了

　　B. 立即挂失

　　C. 挂失手机号并冻结手机网银,解除与手机号绑定的支付宝、微信等支付方式

8. 当有朋友通过QQ或微信向你借钱时,你会怎么做?

　　A. 二话不说,直接转账

　　B. 不予理会

　　C. 打电话核实,确定是朋友本人后再借钱

9. 收到的手机验证码,你会告诉别人吗?

　　A. 会

　　B. 别人问了,就告诉对方

　　C. 绝对不告诉

10. 你的手机屏幕设置密码了吗?

　　A. 嫌麻烦,从来不设置

　　B. 设置的四位数字密码

　　C. 指纹密码或复杂图形密码

分值参考:A选项1分,B选项2分,C选项3分

0-10分:防范菜鸟。你很危险,因为你的抗电信诈骗能力太弱了,骗子很喜欢你这种类型的!要加强自己的防范意识,不是任何人都可以相信的,千万不要被骗了才追悔莫及啊!

11-21分:防范高手。你已经具备一定的电信诈骗防范意识,但还需要继续努力,时刻保持头脑清醒,不要让骗子钻了空隙。

22-30分:防范达人。很不错,你在这次测试中成绩优秀,希望继续保持,再接再厉!

网络犯罪

网络犯罪不同于传统的犯罪,坐在计算机前敲打几下键盘就可以实施犯罪。这一特征使得很多大学生往往看不清网络犯罪及其带来的严重的危害性,反而对其投以"崇敬"的目光。这给大学生带来了极坏的影响,轻则影响学业和生活,重则影响自己的前途。

【案例点击一】

朋友圈造谣被处分

2017年12月20日晚,某高校辅导员在自己微信朋友圈看到一条消息,说是当晚学校北门发生了一起黑社会火并事件,有两拨人在北门口拿刀子打群架,其中多人受伤,一个人被砍断了一条胳膊,现在警车也来了,并且呼吁大家现在不要去北门了,免得伤及无辜。辅导员就住在校内,并没有听说类似事件,但很多学生都已经在转发,有的还说"害怕害怕,以后不敢出门了""学校的门卫平时凶神恶煞的,现在怂了吧"等一些话,话题开始转到谈论学校的其他事情。

辅导员连忙将此事上报给学校,并赶去学校北门查看。结果发现没有什么意外情况,仍有学生进进出出。问起北门口保安得知,刚才确实有一辆警车来过,是因为门口的两个流动摊贩因为争地盘吵架而报警,警察过来劝说之后已经离开了。

学校最后查找到朋友圈信息源头,是某学院一名大三学生沈某所为。原来他看到朋友圈里有人拍了一张北门口的警车照,在得知是小摊商贩吵架的情况下,他觉得不过瘾不刺激,就拼凑了一个黑帮火并的故事,发在了自己朋友圈,结果引来了大量转发。在转发评论的过程中,大家议论的事情已经脱离了事件本身。

鉴于这个事件引起了恶劣影响,学校给予了沈某严重警告处分。

【专家评析】

面对网上的海量信息,大学生缺少足够的判断力,又有比较强的好奇心和表现欲,这就给网络造谣者留下了可乘之机。大学生群体的心理不成熟及网络道德失范都是造成网络造谣问题泛滥的主观原因。从传谣行为分析,很多同学是为了发泄情绪,还有一部分的学生单纯是因为从众心理,看见别人转发就跟着转。至于造谣,很大一部分学生仅仅是因为好玩,有些是为了满足自我表现欲,有些则是对他人或者生活、社会不满,还有少数成为被人雇佣的"水军"。但最让人担心的是,大学生们缺乏对网络造谣的严重性的认识,甚至有一些同学不知道网络造谣是要负法律责任的。因此,大学生还是要注意提高网络信息辨别能力,对于一些未经证实的信息,还要提高自己的辟谣能力。

【防范办法】

1. 要树立正确的法治意识,认真学习网络造谣诽谤等关联问题的法律法规。

2. 自觉树立使命感和社会道德意识,积极抵制网络造谣,做到不造谣、不传谣、不信谣。

3. 积极参加有益的社会实践,通过体验社会提高自己的辨别能力,更好地以积极向上的心理去参与网络生活。

【辅导员信箱】

1. 你知道靠着造谣发了家后被刑拘的"秦火火"的故事吗?
2. 你了解有关造谣传谣的法律法规吗?

【案例点击二】

非法侵入教务系统被开除

2016年1月15日,某高校大四学生程某,在学校教务处网站上查询自己学业成绩时发现,有门课程没有及格。没有及格的主要原因是因为他没去上课,没有提交作业。因为这学期课程较少,他在外面公司找了一个实习岗位,每周三至周五要去公司实习。正巧周五上午有一门课,这个老师要求又很严格。程某不敢对老师说真话,就常常不去上课,以此来逃避问题。后来老师就发现了他缺课的事情,了解到情况后,劝他还是以学业为重,好好上课。但程某觉得这份实习岗位很不错,丢掉很可惜,他也没有给公司说明情况,仍然继续实习,课还是没有去上。最后老师没有让他通过。

程某有些恼怒,但又没有办法。后来他突然想到:何不去偷偷改一下成绩呢?他自己比较擅长编程,之前参加过一个网络安全比赛还获过奖。在赛训期间,他对学校教务网站进行扫描时,偶然间发现该网站所使用的教务管理系统存在漏洞。于是,他通过系统漏洞下载了学校教务系统数据库中的数据,并用自制的小工具轻而易举地破译了密码,取得了系统管理员权限,然后把自己的成绩给改掉了。

没想到新学期开学后就东窗事发。学校老师发现了这个问题,在几番谈话之后,他终于交代了事实。学校给予了开除学籍的处理。

▶【专家评析】

世界观、人生观、价值观发生迷乱和扭曲、自控能力差、道德意识薄弱、法治观念欠缺是大学生网络犯罪行为发生的主要原因。案例中程某仅仅因为一门功课挂科就铤而走险,付出了比挂科大几十倍的代价。在网络犯罪中,有以网络为主要工具的犯罪形式,有以网络为其主要攻击目标的犯罪形式,有以网络为其主要获利源头的犯罪形式,但不管哪种犯罪形式,都会对社会安全和公共权益带来破坏,都要受到法律的制裁。网络世界虽是一个"虚拟的世界",也是一个自由与责任相统一的世界,是一个有着道德规范的世界,大学生要努力锻炼自己的自制力,提高分辨是非的能力,使网络真正成为自己学习、工作和生活的得力助手。

【防范办法】

1. 加强自身思想道德建设,切不可为了满足自己的某种欲望而放纵自己的行为,并以牺牲他人利益为代价。

2. 自觉遵守网络规范,积极主动抵制不良信息的侵害,从而预防违法犯罪心理的形成。

3. 千万不要在网上购买非正当产品,如手机监听器、毕业证书、考题答案等,要知道在网上叫卖这些所谓的"商品"的,几乎百分百是骗局,千万不要抱着侥幸的心理,更不能参与违法交易。

【辅导员信箱】

1. 你还知道哪些网络犯罪的案例?

2. 你对知识产权保护知道多少?有没有在未经允许的情况下对网络上他人或机构所创造的文字、图片、视频资料、多媒体作品等网络资源,通过复制、转载、链接等形式据为己有或肆意传播?

专题六

求职择业安全

随着高校的扩招和就业率的日益下降,毕业生的实习、创业与就业也面临着空前巨大的压力,在校学生兼职的数量突飞猛进,随之也带来了一系列令人深思的安全问题。大学生精力充沛,朝气蓬勃,具有勇往直前的气魄,希望能有新的创造与成就,但另一方面,他们又往往被激情冲昏头脑,急于求成,容易误入歧途。兼职、实习与就业活动固然是大学生展现自己的一个舞台,但往往因为主观或客观上的原因使得他们在兼职、实习、创业与就业过程中陷入各种困境。如侵权问题如何解决、财产被骗怎么办,以及如何保护好自己的人身安全等。

近几年大学生兼职、实习、创业与就业的安全问题频发。例如:中介公司利用虚假信息诈骗学生钱财;大学生被骗,陷入传销组织无法自拔,乃至欺骗自己的同学、亲人;有的个人或小公司在网上发布信息要求应聘者为其进行群众演员招聘、创作等工作,最后却以"无法达到工作要求"为由窃取大学生的廉价劳动力与智力资源;还有少数不法之徒利用在校大学生缺乏社会经验、易轻信他人的特点进行违法犯罪活动,他们大都开出天价的高薪吸引求职者从事导游、侍者、私人教练等工作。这些求职陷阱不仅侵害大学生的权益,更对他们的人身安全造成了威胁,严重影响社会治安。

实习、就业、创业安全

随着大学毕业生数量的增加和就业压力的不断增大,大学生的就业(实习)焦虑也越来越高,求职心情非常迫切。许多毕业生为了找到一份满意的工作,遍投简历,广搜信息,只要是符合自己意愿的招聘信息,就积极行动,绝不放过,但这也给不法分子造成了可乘之机。有的不法之徒利用大学生求职心切的心理,巧设名目,设置实习、就业、创业陷阱,给大学生再次求职蒙上难以抹去的阴影,造成恶劣的社会影响。据公安部门统计,这种案件在近两年内呈急剧上升趋势。面对这些问题,除了学校要加强安全防护措施,大学生自身在实习、就业、创业过程中更要注意提高警惕,增强安全自我防范意识。

【案例点击一】

盲目签就业合同,不合理条款隐患多

李明(化名)在临近毕业的3月份就开始找工作,因为自己学的专业比较冷门,参加过很多场招聘会,但都没有找到合适的就业单位。好不容易在网上看到一家公司招聘,自己也比较感兴趣,就急急忙忙去应聘,公司也答应李明毕业后就可以录用他,现在先签订劳动合同。李明非常高兴同时也怕失去这份来之不易的工作,没来得及仔细推敲合同里的条款及附加内容,就在指定的位置签上了自己的名字,结果不但失去了这份工作,还付了一笔违约金。

据其称,他与公司签合同时还未毕业,但公司要求其进入实习期。在2个月的实习期里他卖力地工作,却只能得到300多元钱的实习工资。5月底,他以为工作已经敲定,打算回学校修改剩下的毕业论文,

7月再回到公司正式上班。但当他向公司请假时，公司却以合同中"工作前两年不得连续请假一周以上"的条款为由，认定李明如要请假就是违约，索要违约金。如果不回学校写毕业论文就无法毕业，没有毕业证就更无法就业，所以李明只能选择回学校写毕业论文，但李明拒绝缴纳2000元的违约金，公司以违反劳动纪律和合同约定为由将李明开除。

【专家评析】

1. 这是一个典型的霸王条款合同。学生在毕业实习阶段是可以签订就业协议来替代正式的劳动合同的，学生即使签订了劳动合同也要从7月份开始实行。

2. 学生签订劳动合同时自己要认真阅读每一个条款，同时要跟用人单位说明自己是学生，还是要以学校的安排为主，随时都有可能回到学校进行毕业设计与答辩。

3. 学生要学会利用非工作时间进行学习，毕业环节要多跟学校和指导老师沟通，合理安排时间。

【防范办法】

签订协议时一定要谨慎，要认真阅读协议中的每一条规定，反复斟酌，拿不准的要向学校老师或者有关法律机构咨询后再作决定。

▶【辅导员信箱】

1.你有在实习或应聘过程中碰到类似的情况吗?如果有,你是如何应对的呢?

2.你有否在学校接受过关于毕业实习前注意事项方面的安全教育呢?

【案例点击二】

实习岗位安全要铭记

杨某是某职校汽车维修专业的学生,毕业前夕,被学校安排到一家汽车销售公司4S店实习,日常工作就是在师傅的带领下对客户的汽车进行保养和维修。2015年4月的一天,杨某独自在维修一辆汽车时,要求该车司机配合进行挂挡、摘挡操作。在操作过程中,车突然向前滑行,杨某躲闪不及,被车撞伤,医院诊断为左股骨粉碎性骨折,软组织损伤。杨某的家人与学校、汽车销售公司、肇事车主进行协商,没有达成一个满意的结果,遂将三方起诉,要求赔付杨某因伤产生的费用。学校认为,杨某是在汽车销售公司实习期间受的伤,与学校没有关系,况且学校在实习前已经安排了安全教育课,履行了教育义务,学校无须负担任何法律责任。汽车销售公司认为杨某只是在公司实习,而不是为公司工作,在没有师傅带的情况下维修汽车,违反了公司规定,公司不追究杨某的责任已经很仁慈了,不应该再承担任何费用。肇事车司机认为,是车辆维修环境不符合安全规范,地沟和升降台存在着安全隐患才导致了事故的发生,应由汽车销售公司承担赔偿责任。

▶【专家评析】

事故发生的原因是多方面的,有设备陈旧、硬件老化等客观因素,更有思

想麻痹、制度不落实、操作不规范等人为因素。学生在实习期间为了节省时间而简化预测危险这道安全保障，或是对可能出现的安全问题预测不具体、分析不深入，有的即使预测到了可能发生的安全问题，却没有采取相应的安全措施，最终发生了事故才追悔莫及。企业在安排学生实习之前，需对各个岗位进行安全检查，但有的人员检查不深入、不细致，对存在的隐患没有排查到位，最终导致安全事故的发生。

【防范办法】

1. 要提高劳动纪律观念，操作过程中要步调一致，不得随便拆卸机械零件或点击不熟悉的按键。

2. 要服从实习指导师傅的工作安排，对重大问题应事先向实习指导师傅反映，共同协商解决，不要擅自处理。

3. 要有强烈的安全预防意识，养成良好的车间操作习惯，远离伤害。

【辅导员信箱】

你有实习过吗？如果有，在实习过程中经历过突发险情吗？

【案例点击三】

实习制度要遵守，贪图方便隐患多

某高校学生小韩6月份就要毕业了，目前在一家公司实习，负责办公室和兼职销售。3月29日，一网名为"秀气的以南"的买家拍下公司在阿里巴巴批发网上销售的产品，共33件，总计957元。这是小韩工作后第一笔生意，一心想要为公司带来收益的她主动联系买家，核对收货信息并好心提醒：如果量多的话，购买礼盒装更优惠。交流中，买家以"收货地址有误"要求小韩关闭交易，小韩随即同意。这时买家发来一张附有余额宝和"系统消息"页面的截图,声称自己的支付宝账号由于小韩取消交易而被冻结。据小韩提供的证据,在一张疑似"系统消息"的截图上显示,系统确实提示买家账号被冻结,并有"稍后阿里巴巴在线客服将介入……"等字样。正当小韩纳闷之际,"阿里巴巴在线客服"就"上线"了。"客服"向小韩确认了事情的前因后果,并声称小韩在买家支付时取消交易是违规行为,要求小韩提供QQ帮助其进行技术解除处理。马上,一QQ昵称为"阿里",头像带有阿里客服证件标记的网友加她为好友。QQ联系过程中,对方要求采用QQ电话的模式,并申请了电脑远程协助,还主动提醒"会涉及一些账号密码"的问题。在接下来的远程协助中,对方分别以"未交纳支付宝保障金""认证1688网实力商家"等多个理由,要求小韩在某网站上的"缴纳保证金"入口通过支付宝分三次转入3000元、16000元和19000元,并表示认证完后钱会退还。其间,之前的买家在旺旺上也一直不停催促。最后,"阿里客服"再次向小韩提出:删除交易记录,清理支付宝的缓存,重启电脑,并保证"两小时左右钱会退还到账户"。小韩一切照做后,才发现被对方拉黑了,所谓"客服"的QQ修改了所有信息,旺旺不回消息,手机也关机了。此时,小韩才意识到这是一起串通好的网络诈骗,随后便同公司经理一起报了警。

【专家评析】

这起遭遇网络诈骗不是个案,此类型的诈骗案中学生受害者居多。大学生频频落入网络诈骗陷阱,主要是因为未加甄别和核实,就轻信了网络上获取的信息。像小韩这种,买家提供的截图其实才显示一半,具体是什么时候的截图,是不是PS合成的,她都没有进一步核实。刚毕业的学生社会阅历较浅、安全防范意识相对薄弱,又是使用互联网、手机等通信平台的主力军,因此极易被不法分子选择为侵害对象。

【防范办法】

1. 无论是实习还是见习,既要尽到相应的职责,也要明确自己的权利和义务。

2. 向同事学习工作规范和经验,提防各种陷阱。

3. 建议学生可以参加学校、企业主办的讲座、活动,来增强自我防范意识和能力,更快更好地完成从懵懂的大学生到成熟的职业人的转变。

【辅导员信箱】

换作是你碰到上述情况,你觉得你会怎么做呢?

【案例点击四】

毕业生入职培训"先缴费"

在长春市吉顺街南岭体育场内,有一家KTV对外招聘,在各大招聘网站上标明日薪300元,令不少刚毕业的学生心动。但当他们赶到这个KTV应聘后,却发现了种种问题,不仅没有得到一份高薪工作,还损失了580元,这到底是怎么回事?

小龚是一名刚刚毕业的大学生,在没有找到正式工作之前想做些临时工作赚点钱,就在"58同城"网站上找了一份临时工作,单位名为"长春市雷铎餐饮管理有限公司"。"这家店招酒水服务员,要求特别简单,18周岁至30周岁,身高160厘米以上就行。工资还高,每天200元。"龚同学当即在网站上投递了简历。令他没想到的是,不到10分钟便有人打来电话。电话中,一名自称是公司负责人的男子,在简单询问了龚同学的个人信息后,便告知他当日下午5点来面试。"招聘上写的是餐饮公司,联系人是雷经理,但来电话的这个人说自己是王经理,应聘公司是一家KTV。"龚同学按时赶到了其指定的南岭体育场内的这家KTV。

龚同学说,面试在这家KTV的一间小包房内进行,门外的牌匾被红布遮着,室内桌面的宣传单印着"大三元KTV"字样,但龚同学说,他在桌下看到刻着的名字是"××××",猜测是该KTV之前的名称。

"给我面试的是一个姓金的经理,说正式上岗前必须先培训2天,考核通过才能上岗。金经理说培训期间要先交500元的服装费,正式上岗10天后会把钱还给我,这些都会签合同,不会骗我的。"龚同学看到,金经理拿来的合同确实条款分明,便签了字,随后用微信转账转给金经理500元。钱款到账后,金经理便以盖章为由带着合同离开房间。接下来的几天,龚同学共参加了6次培训,培训的内容却让他对这场招聘越来越疑惑。

"培训刚开始,又收了我80块钱。然后让我们所有应聘者待在一个屋子里,不让说话,还把手机都交上去,头三天就是背酒水价格表,每天大概3个小时,从晚上7点到10点半左右。"三天后,龚同学进入了"体力考验"环节,培训礼仪动作,包括90度鞠躬、半跪式倒酒等,随着强度越来越大,龚同学渐渐有些受不了了。"开始的时候一个姿势5分钟,后来就是半个小时,他(培训人员)一直不叫起来,我们就一直蹲着,实在是难受。后来就有个负责人找我谈话,说我不太适合这个工作,劝我退出。"龚同学说,当时确实有离开的想法,但因对方不返还580元便没走。可能是自己坚持了6次培训,所以曾有一名经理提出,要对他进行考核。"考核期间,他们就是在故意找茬,背错一个字都不行,比如少个'的'都不合格。"龚同学说,最后经理说他没通过,还需要继续培训,这时龚同学坚定了不想再继续的念头,"我不想干了,但是他们也不返我那580元。一个负责人还让我签一份合同,让我写明希望公司不追究我违约责任,已经收到返还的500元。"龚同学为了离开,无奈之下签了字,签完后由专人负责将他送走。

▶【专家评析】

骗子往往打着招聘的幌子,要么收取"报名费",要么收取"保证金""培训费",很多毕业生(实习生)为了获得工作的机会,对于明知道是无理的要求,也不敢拒绝。但骗子们往往就抓住了大学生的这种心理,实施骗局。

【防范办法】

就业(实习)过程中,骗子最感兴趣的往往是金钱,只要你提高警惕,捂紧"口袋",放好"钱包",骗子也只能望洋兴叹,无计可施。

【辅导员信箱】

1. 你在毕业(实习)前夕是否接受过就业安全教育?
2. 你在就业前夕是否碰到过类似收费陷阱?

【案例点击五】

休学创业需谨慎

一直以来餐饮行业较其他行业创业门槛低,启动资金投入可大可小,对创业者的硬性要求不是很高,从而受到创业者的青睐,作为初期创业的在校大学生更是趋之若鹜,都将之作为自己第一个创业项目的首选,就连"京东大佬"刘强东大学毕业第一个创业项目也是开餐馆。这不,几名大二学生也蠢蠢欲动,在学校生活区的商业街二楼自筹资金十几万元开了一家"花蛤粉丝"餐饮店,在餐饮店还未营业筹划之时,这几位大学生股东们都雄心勃勃,宣称要在两年内开五家分店,走连锁经营。口气之大,令人生畏。刚开业的时候,生意还算可以,每天订单上百单,他们也忙得不亦乐乎。由于生意太忙,其中两个人选择休学创业。但好景不长,暑假过后,生意一天不如一天,他们坚持了三个月后发现交房租都是一个问题,只能选择关门歇菜,挥泪转让。这几个大学生也面临着初创失败的尴尬境地。

【专家评析】

大学生刚踏入社会,可谓"初生牛犊不怕虎",认为有创业理论,或者从书本上学了些专业特长就觉得能赚大钱了。以上案例中,店还未开业,几个大学生盲目认为开业就会火爆,店还没成型,就想到未来会怎样,不从小做起,循序渐进,失败不可避免。根据规定,休学创业的大学生,不再进行创业时,可以返回学校继续学业。但由于创业失败的打击太大,学生觉得没有颜面面对曾经无私帮助过自己的老师和同学,也对不起自己的父母,最终选择不再返回学校继续读书的较多。

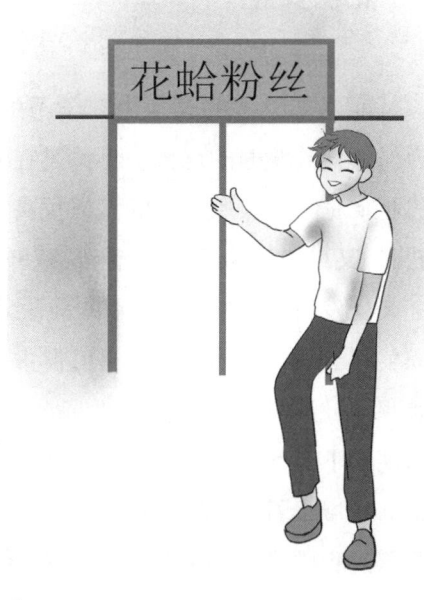

【防范办法】

1. 大学生创业前首先要自我评估,是否具备创业者的能力和素质,是否能够经受创业失败的挫折,同时还要分析自己的职业心理特征,看看自己是否适合创业。

2. 要将专业学习放在第一位。学生应该在有足够的专业知识支撑、有合适的可发展项目的前提下进行创业。

3. 如果确实在创业实践的关键期,需要完整充裕的时间来保证商业发展的连续性,那么可以对自我追求、团队建设、商业风向把握、家庭财务负担衡量、综合学业规划等把握权衡后做出慎重选择。

【辅导员信箱】

1. 你有考虑过休学创业吗?

2. 你身边有休学创业的同学吗?你有向他们了解过休学创业是一种什么样的体验吗?

兼职安全

目前越来越多的大学生在学习的空余加入兼职队伍中,大学生兼职已经成为一种日益普遍的现象。不论是在假期还是在平时,都有不少大学生利用自己的业余时间做兼职。这既可以提高自己的社会实践能力,为毕业后的就业增添砝码,又可以赚取一些生活费,减轻家庭负担。大学生兼职绝不仅仅是简单的个人自发行为,它对大学生的成长发展有着重要的积极意义。首先,大学生兼职关系到大学生的素质,它可促进大学生素质的全面发展;其次,大学生通过兼职,接触了社会,从而促进了自身的社会化;再次,在当今就业形势日益严峻的现实下,大学生通过兼职得到锻炼,从而提高了自身就业的竞争力;最后,从长远发展来看,兼职对于大学生自我价值的实现也有影响意义。但是,大学生兼职过程中遭受侵权的事例也不胜枚举,例如非法中介诈骗、收入低于最低基本工资、拖欠工资等违法用工行为。由此看出,大学生兼职权益保护是一个不可忽视的社会问题。

【案例点击一】

家教一去不回引深思

"女儿我们不差这个钱,你要什么爸爸都会给你的,爸爸的所有都是你的,你为什么要赚这个钱,你缺什么都可以跟爸爸说……"在这个爸爸嘶哑的叫喊中我们感到无比的悲痛,是什么让这个爸爸泪流满面,先让我们回顾一下这件事情的经过。

小美,外国语学院大二学生,品学兼优,同学、老师心中的好学生。来到大学的第一年,由于对大学生活不太适应,感到课余时间特别多,总感觉自己要找点事情做。看到同学们利用课余时间兼职也很羡慕,但想想自己家庭情况还可以,生活费父母都足额供应,也没有很迫切的经济压力。但是到了大二,寝室内大部分同学业余时间都在外兼职,只有自己一个人在寝室感到非常无聊,小美就又想起兼职的事情。她在一个兼职网站上看到一个招聘家教的信息,辅导的课程正好是英语,也是自己的强项,就抱着试试看的态度加了这位学生家长的信息。这个学生家长在微信里跟她介绍了一下孩子的情况并约定了工资支付方式及辅导时间,小美觉得自己比较适合做这个家教,家长还可以车接车送,小美就约定了周五下课后见面。

学生家长开着一辆豪车来到学校门口把小美接走。小美上车以后,学生家长说他的家在郊区,离这儿有一段距离,孩子也在郊区的家里。小美感觉家长说话比较文雅就没有多想,跟着家长去了。大约半小时后车停在一幢比较偏僻的独栋楼房下面。进房间以后,小美发现孩子没在家。家长解释"有可能到后面山上去玩去了",然后家长给小美端了一杯白开水,跟小美说"你先喝点水稍等一下,我去找孩子"。小美喝完水,没过多久就感觉自己头有点晕,有点犯困,眼睛有点模糊,不一会儿就倒在沙发上睡着了,等自己醒来一看,发现自己躺在卧室的床上才恍然大悟。但后悔已经来不及了,她准备拿起手机给爸爸打电话,但坐在客厅内的"家长"发现小美要拿手机打电话,马上过来抢下小美的手机说:"你只要不告诉其他人,我可以给你生活费,甚至学费。"小美说我不需要,我要给我爸爸打电话,同时去抢夺手机。两个人在争抢中相互推搡,小美弱小的身体怎经得住男子的推搡,在推搡中小美应声倒地,后脑勺正好磕碰到窗户护角上,小美倒地后不停地抽搐并流血不止,不一会儿停止了呼吸。

由于是周末,同寝室的同学都以为小美这两天回家了,也没有多想,到周一上课了才感觉不对,为什么小美的电话打不通?辅导员紧急联系了家长,家长说孩子没有回家。感觉情况不妙,学校马上报告派出所。公安局利用技术手段,发现小美应该在某郊区附近的民房内,当找到小美时,其已经死亡三天。

【专家评析】

这个故事告诉我们,学生兼职要注意自身安全,尽量不要到陌生人家中或者私人场所,发现可疑问题,要用智慧的方式解决,不要蛮力硬干。安全问题要时刻牢记,危险离你并不遥远,兼职机会无数,但生命只有一次。

【防范办法】

1. 第一次兼职不要单独见面,兼职前要跟同学、老师说明一下。
2. 兼职要找正规网站发布的信息或者老师同学介绍的,不要盲目相信宣传广告。
3. 碰到危险要冷静,考虑全面再行动,生命安全第一位,切勿意气用事悔终生。

【辅导员信箱】

1. 你有兼职过家教吗?
2. 跟同学、老师说说你的兼职经历,好吗?

【案例点击二】

兼职内容违法

2017年3月,多名学生向校保卫处反映,上学年在某广场办的健身卡现在不能用了,并且健身房也关门了。经派出所了解,原来是"老板出现资金链断裂无法经营"。事情的起因还要追溯到2016年9月份,高教园区多数高校刚刚开学就发现校园内有大学生招聘信息,工作内容是发放宣传单页,报酬是每天200元。发放单页的工资在高教园区还是比较高的,对很多同学来说是一个很大的诱惑。面试当天就有200

多个学生应聘这个岗位。面试官说要发放宣传单页,必须成为他们的会员,接受他们的培训。会员费和培训费共计3000元。现在做的是第一批会员,所以给打了五折,只交1500元。交费方式有两种,一种是缴纳现金1500元,直接成为会员;另一种是发放宣传单页,工资加业务提成(工资每天200元,提成是每介绍一个签约会员提成500元),很多同学都选择了后一种付款方式。但很多同学没有比较过同样的健身会员,其他健身房都是3500元左右,而这个健身房只要2500元,并且还要给业务员500元的提成。健身房所剩利润不多,并不太符合当时的市场规律,但很多同学被利益所蒙蔽。拉一个签约会员就能赚到500元的提成,十个会员就能赚到5000元,是一个非常可观的兼职,并且自己还可以健身。在这种兼职模式下,很多同学进入了这个近似于传销的健身房内办理会员,同时又介绍自己的同学来办理会员。这样一个一传十、十传百的赚钱模式,使这个健身房极大地发展,最多的时候会员达到了近千人。当2017年1月健身房突然张贴出一则"暂停营业,维修翻新"的公告时,很多同学还在想健身房会不会做得更大,设施会不会更全。所有的会员都在拭目以待。等春节过后,健身房没有任何动静,有同学打电话给老板,老板电话停机,给健身房的负责人打电话,负责人也联系不到老板。大家开始感觉不对劲,但为时已晚,老板已联系不上。这时很多刚刚办理会员的同学就找他的上线——发展他为会员的人要钱,他的上线又找到发展他为会员的上线要钱,最初发放宣传单页的这部分人成了罪魁祸首,大家都盯着他们要钱,但他们也没有钱,他们现在才知道自己被老板骗了,自己也成了最大的受害者。

【专家评析】

兼职工作要当心,很多黑心老板利用兼职这个特殊的用工方式,干非法的勾当,把风险转嫁到兼职者身上,兼职者稍不留意就可能被卷入兼职单位的违法行为当中,所以兼职时一定要弄清楚自己所做的工作有没有违法。

【防范办法】

1. 兼职要到正规公司,切勿相信路边广告、无名网站发布的信息。
2. 兼职工作要合法合规,不能为蝇头小利自毁前程。

【辅导员信箱】

你平时有参与健身吗?碰到过类似的拉会员的情况吗?

【案例点击三】

兼职私人导游风险大

"做兼职导游,月入过万,包食宿",看到这则招聘信息,很多同学会惊讶,有这么好的事情吗?答案是有的,但风险很大。

小聂是某校大二导游班的学生,形象好、气质佳,学习成绩也非常不错,一个偶然的机会他认识了一个做导游的朋友。朋友说有一个私人导游的单子,去新加坡、马来西亚、泰国旅游,包食宿收入过万,问他要不要接,并且说客户是某大型企业总裁,由于最近工作压力大,想出国散散心,需要一名私人导游,要求有导游资格证书,工资实行考核制:满意10000元,合格6000元,不满意1000元。小聂感觉有很大的诱惑力,但带出境游又没有太多的经验,心里没谱拿不定主意,这时他的朋友仿佛看出了小聂的心思,马上说:"这个私人导游其实对你也是一个挑战,但我相信你能够做好的,因为你能力强,专业出色,又有上进心,不是一个轻易在困难面前低头的人。"小聂被朋友的这一番话所感动,感觉自己应该敢于尝试,即使失败了对自己来说也是一次成长。小聂不想放过这次锻炼的机会,但小聂的警惕性还是比较高的,他跟朋友说要跟这个总裁见个面后再决定。没过几天,他的朋友就安排小聂与总裁见面。见面后小聂和总裁沟通比较顺畅,并且感觉总裁比较有礼貌,也很爽快。小聂回来后就答应了朋友的这个订单,并且回到学校后就去图书馆搜集相关旅游景点的资料,认真学习境外旅游攻略,努力为做好这次导游工作做准备。但没想到,到了国外,总裁多次要求小聂给他洗脚。小聂感觉这些不是他工作之内的事,所以委婉拒绝了。但没想到的是总裁以服务不满意为由给小聂的朋友打电话,并威胁说拒绝付剩余的旅游费用。小聂的朋友马上给小聂打电话,并给小聂做思想工作,说只要你满足总裁的要求,愿意多付30%的工资。小聂碍于面子,又看在钱的份上就委屈地答应了。但更没想到的是帮总裁洗完脚后,总裁竟然要求小聂给自己按摩,小聂直接一口回绝。第二天总裁竟然把小聂一个人扔在国外,自己回国了。由于总裁对这次旅游不满意,小聂不但没有拿到"万元兼职导游费",还自己掏腰包买了回国的机票。

【专家评析】

这则案例告诉我们,找兼职要量力而行,切勿被假象所迷惑。学生兼职一定要把安全牢记心中,特别是为私人提供专职服务的工作(私人导游、礼仪模特、全程陪护等)更要注意自身安全,不要被眼前的利益所蒙蔽。

【防范办法】

1. 兼职工资要合理,切勿贪图高薪毁前程。

2. 兼职工作权利和义务要分

清，工作之前要跟负责人签订好协议，列明各自的权利和义务。

3. 为私人提供专职服务工作要谨慎，违法乱纪当自律。

【辅导员信箱】

你有参与过礼仪模特、全程陪护等这种人身自由受限制的兼职吗？

【案例点击四】

学生外地兼职危险多

丁零零、丁零零……"是学校保卫处吗？""是的，你好，有什么事情可以帮你吗？""老师，有人要威胁我。""同学你慢点说，你叫什么名字，哪个学院的？""老师，我是外国语学院大二学生李华（化名），我感觉有人要威胁我，我就在我们学校。""你现在在学校哪个地方？""我现在在学校10号楼105室。""你在那儿等着，我们马上过去。"

这是发生在2015年5月份的一个案例。学生李华在网上看到一则招聘信息：招募群众演员每天100元，表现优秀可作为后备演员培养。李华从小就有当明星的梦想，马上就联系了群众演员的负责人徐某。徐某说拍电影地址在象山，要在象山工作半个月左右。李华为了明星梦想毫不犹豫地就答应了，在没有告诉老师、同学的情况下当天下午就坐大巴车去象山面试。来象山车站接他的徐某自称是群众演员负责人，并告诉李华这次拍摄组总导演是张某某，世界知名导演，要求非常高，为了拍摄的保密性，个人手机不能随身携带，并且不能跟亲戚朋友泄露任何信息，工资实行等级考核制，考核优秀200元一天，中等130元一天，合格100元一天，不合格60元一天。李华为了实现自己的明星梦想就满口答应，跟随群众演员负责人到了象山一个很偏僻的山里。山里有几间破房子，有二十几个人住在里边。李华到的第二天就开始下雨,电影拍摄一直未开机,李华被安排负责给他们到附近的山下仓库搬运矿泉水和泡面。到了第四天,李华想拿回手机打个电话,被徐某拒绝,并严肃地说这是规定,李华又提出说回学校拿点衣服,也被负责人拒绝,并恐吓他说"打断你的腿",随后把他关在一个小房间内不让他出去。李华感觉情况有些不对,就思索该怎么办,但是手机被他们拿走了,身上又没有现金,离市区还很远,他只能等待机会。

第五天晚上 10 点多,徐某又让李华和他们一块到山下仓库搬运矿泉水。李华到山下搬水的时候趁着下雨天又是深夜,偷偷地跑到山脚下躲了起来。一直等到他们走后,李华才出来,沿着山路走到了镇上,从镇上走到县城,从县城沿着公路又走到了宁波,等他走到学校已经是下午 6 点多。到学校后他一直感觉有人在跟踪他并伺机报复,就给保卫处打电话,这就是我们开头看到的他的报案经过。当老师和保安到达现场后,发现李华已经意识模糊,神志不清,可能是一天没吃饭、没睡觉太累了,也许是紧张过度产生幻觉。老师马上把他送到医务室进行输液,庆幸的是他的生命体征还算平稳,人是安全的。

▶【专家评析】

兼职需谨慎,特别是外地兼职要当心,本案例就是一个典型的外地兼职被非法拘禁的案例。大学生在兼职过程中可能会遇到各种各样的安全隐患,切记一定要多学习、多观察,不贪钱财,不图便宜,遇事多与老师、同学商量,不可冲动,不要感情用事,谨慎谨慎再谨慎。

▶【防范办法】

1. 学校要加强对大学生在兼职过

程中的管理。

2.兼职时间超过一天要跟学校和老师请假,在外过夜要跟父母沟通后再行动。

3.兼职前一定要咨询好待遇、工作时间、工作环境、工作内容等。

4.碰到困难要冷静处理,首先要保证人身安全,其次是财产安全,切勿意气用事。

【辅导员信箱】

如果你是李华的同学,你想对他说些什么呢?

【案例点击五】

"押金"陷阱

大学生小冯几天前在某招聘网站上看到一家酒业公司招聘短期兼职的信息,与之联系后,对方同意小冯暑假期间在该公司做兼职,报酬是100元一天,但要求小冯入职前先交纳300元押金,其中200元是工作服的押金,另外100元是担保小冯按时上班的押金。押金在打工结束后全额退还。小冯到分店工作时,该分店说还要再交100元,不然前面300元也不能退。小冯只好就范。在培训两天之后,该店叫小冯回去等消息,谁知过了一个多星期也没有通知小冯上岗,按照协议的要求,如果一个月工作时间不满25天,则押金不退。小冯这才知道自己掉进了"押金"陷阱。

【专家评析】

黑中介经常在互联网上发布信息或在街头、学校发放传单,还有一些知名度不高、打着兼职招聘幌子的网站……这些机构从注册到运营多有不规范之处,缺乏有效的安全监管。一旦有学生前去应聘,对方则以"择岗费""押金"等名目,收取几十元到数百元不等的费用。这些中介公司往往并不具备劳动部门颁发的职业介绍许可证等资质,所承诺的高薪基本不能兑现。

【防范办法】

1. 网络招聘兼职陷阱多,学生在应聘前一定要谨慎,严防因"文字游戏"而遭受损失。

2. 学生在兼职权益受损时,一定要冷静,不要采用暴力手段解决,也不能忍气吞声,要有维权意识、懂得维护自身的合法权益。

【辅导员信箱】

你有碰到过要收取押金、中介费等各种名目费用的兼职吗?

专题七

保健预防

健康是人生的"第一财富",是一切价值的源泉。"疾病有千百种,而健康只有一种。"健康需要保健,疾病需要预防。保健预防主要包括未病先防、既病防变和愈后防复,其核心内容是未病先防。

未病先防旨在达到大学生无疾病发生,并且拥有良好的身体素质和健康素质的目标。疾病的发生、发展与人的健康因素相关,尤其是肿瘤等慢性非传染性疾病,除了年龄、性别、种族、遗传等不可改变的危险因素外,其主要是吸烟、饮酒、不合理膳食、缺少体力活动、不注意个人卫生等不良行为与习惯所致。糖尿病等一些中老年易得的疾病正渐渐逼近大学生,有医学专家呼吁,大学生迫切需要养成良好的生活习惯,注意预防"老年病"!学校是人群密集型场所,肺结核、流感、细菌性痢疾等呼吸道、肠道传染病及性病、艾滋病等一旦流行、爆发,后果极其严重。"防之上,救之次,戒为下",大学生掌握一定的传染病防治知识义不容辞。对于传染病要坚持"五早"原则,即早发现、早诊断、早治疗、早隔离、早报告,努力把危害减至最低。

既病防变和愈后防复环节,要合理用药,注意用药安全。会识别假药和劣药。明确处方药与非处方药使用的异同,弄清药物的慎用、忌用、禁用及剂量、给药途径的含义,提高用药修为。

杜绝不良生活习惯

生活习惯是指个体在生活方面的习惯,是生活方面逐渐养成而不易改变的行为。通常可分为良好生活习惯和不良生活习惯,良好生活习惯是指有利于个体生理健康、心理健康、社会适应和道德良好的习惯。

不良生活习惯是指有碍于个体生理健康、心理健康、社会适应和道德良好的习惯。不良生活习惯主要包括膳食不平衡、吸烟喝酒、缺乏运动、心理失衡、生活不规律等。目前,许多大学生缺乏规律的生活和学习状态,"熬夜是家常便饭",想吃啥就吃啥,饮食习惯不合理,普遍缺乏运动。相关研究发现,慢性病发病的主要危险因素是:吸烟、饮酒、不合理膳食、肥胖与超重、缺乏体力活动、病原体感染、不良的社会心理因素及遗传与基因因素。以前大学生患糖尿病非常罕见,现在已经不稀奇了,一些中老年易得的疾病正渐渐逼近大学生。有医学专家呼吁,大学生迫切需要养成良好的生活习惯,注意预防"老年病"。

【案例点击一】

"沧海横流"以后

方豪(化名),大三学生,电子商务专业,大二第一学期就开了一家网店,生意红红火火,赚来的钱不但能解决自己的学费与生活费,还不时地往家里寄,有钱、大方、豪气,就像他的名字一样。方豪好酒,常喝醉酒。每当考试通过、网店红火、朋友恋爱,常常"浩歌一曲酒千钟",同学生日、老同学、老朋友聚会总是说"干了这杯酒,一切尽在不言中"。一边喝酒,一边大声喧闹,互诉真情,你一杯我一杯,杯杯都有含义,杯杯都要下肚。来的时候个个神清气爽,走的时候却酒气熏天,东倒西歪地回到学校。碰到学业、生意上的烦心事,也出去喝酒,或去酒店、饭馆,或去酒吧,"明月几时有,把酒问青天。"偶尔还会发酒疯,惹祸上身,洋相百出。

大三体检后,方豪被确诊为肝病,需休学治疗和康复,醉酒是致病的重要原因。方豪医学院的女友曾说过:"如果一个人肝出现了问题,就失去了一半的生命。"

休学离校时,方豪已没有了喝酒时"沧海横流,方显出英雄本色"的感受,满腔的惆怅和失落,醉酒、酗酒等不良习惯,影响了自己的健康、学业,女友美丽的倩影也渐离渐远。酒啊酒,多少遗憾心中留!

【专家评析】

方豪同学患肝病与其不良的生活方式密切相关,过量的饮酒、不太规律的作息、学习和生意上的压力等,都可能是致病的因素。

过量饮酒会对身体健康造成损害,会引起消化系统疾病、心脑血管疾病、生殖系统疾病、神经系统疾病、精神心理疾病等,甚至会出现醉酒后的呛咳、误吸,甚至窒息等,危害无穷。

【防范办法】

1. 正确理解酒文化。

酒应该代表一种崇高的礼仪,一种高尚的文化,而并非只有"一醉方休"才能显示自己的诚意和豪爽。作为大学生,我们要正确理解我们的酒文化,保持优良的作风,使我们的饮酒,我们的聚会,变得更加文明,同时还我们的饭桌一片纯净!

2. 认识过量饮酒的危害。

据相关统计,监狱里50%的犯罪者与酗酒有关,40%的交通事故与酗酒有关,25%的医院重病患者与酗酒有关,这意味着数以千万计的人、数以百万计的家庭和无数痛苦悔恨都与酗酒有关。

3. 饮酒要适量。

4. 饮酒以饮低度酒为好。

因其对人体危害小,且乙醇在血液内排出较快。不要空腹饮酒,不要急饮,感冒后不饮酒,肝病患者应禁酒。

5. 酒不与咖啡同饮。

如果酒精与咖啡同饮,犹如火上浇油,可加重对大脑的伤害,并刺激血管扩张,加快血液循环,增加心血管负担,造成的危害超过单纯饮酒。

6. 酒后不宜服药。

酒类都含有不同程度的酒精,有上百种药物在酒后服用可以增加毒副作用。如酒后服镇静药、催眠药、抗癫痫药、抗过敏药、降压药等,一方面会增加对大脑的抑制效应,另一方面又使药力陡增,超过人体正常耐受量,致使危险发生。

【拓展问答】

1. 孕妇饮酒会对胎儿造成什么影响?
2. 饮酒后,晚上睡不着能吃安眠药吗? 为什么?
3. 阅读以下案例,并谈谈你的看法。

案例:某高校大四学生小张等人一同参加同学小刘的生日聚会,11人总共喝了4瓶白酒、1箱啤酒,其中小张一人就喝了1斤多白酒和2瓶啤酒。宴席结束后,小张呕吐不止,同学将其送至酒店休息。第二天凌晨2点多,室友发现小张已没有鼾声,连忙拨打120急救,经抢救无效死亡。小张父母向学校追责,但小张是18周岁以上的公民,为完全民事行为能力人,需要为自己的行为负责。最终出于人道,学校及其他10名学生共同支付张某父母适量慰问补偿金。

【案例点击二】

都是吸烟惹的祸

唐强(化名),大三学生,有多年的烟龄。在小学六年级时,吸了第一次烟,感觉很痛苦。初中时,唐强又接过了一支烟,从此开始和香烟亲密接触。高中时,学校附近小店可以花一元钱买四根烟,他和几个伙伴经常在厕所抽,有时偷着抽父亲的烟……

大一时,唐强在网吧一边上网,一边抽烟,烟雾缭绕,如入蓬莱仙境,不抽已感难受。大二时,买了电脑,常在宿舍里吸。有一次,他在床上吸烟,烧着了自己和室友的蚊帐,幸亏救得及时。大二的下学期,一女生成为唐强的恋人。她总是在唐强最沉醉的时候突然伸出手来,从其嘴中抢走香烟,踩灭在她的脚下,或是烟灰缸中……可是,唐强坚信"头可断,血可流,香烟不能不抽"。后来,他妥协了,发誓戒烟,还写了保证书:从某年某月某日起,某某开始戒烟,如有违誓,天打雷劈,万箭穿心。立誓人,某某,监督人某某某,时间等等,最后还按了个手印。恋人也成了"唐僧",时常念着"紧箍咒"。

"戒烟难,难于上青天",唐强还是没能戒掉烟。大三时,唐强早上起来喉咙里总是干痒,白天、夜里还咳嗽,并持续了几个月……

【专家评析】

从吸烟的时间、频率和行为表现来看,大三学生唐强已对烟草依赖,患上了一种神经精神性疾病,即属于精神和行为障碍的烟草依赖综合征。

唐强喉咙干痒、咳嗽持续几月,需进一步检查,可能是肺部疾病,甚至是肺癌……吸烟除尼古丁导致成瘾外,更大的危害是烟草在燃烧过程中可产生4000多种化学物质,其中以气体形式存在的占95%,如二氧化碳、酚类、醛类等,另有 5% 为颗粒物,如烟焦油、尼古丁(烟碱)等。目前已经有明确实验证据表明,这些物质中至少有 69 种具有致癌作用,所有因癌症死亡的病人中,大约 30% 可归因于烟草制品,烟草致癌的部位几乎涵盖其所经过的各个器官,包括口、鼻、眼、喉、气管、支气管、肺、食管、胃肠、泌尿道等。

【防范办法】

1. 正确认识吸烟的危害。

2. 拒绝吸第一支烟。尚未吸烟者,请不要吸烟,学校要倡导无烟校园。

3. 偶吸即戒。如果偶尔吸烟,趁尚未成瘾之时,立即戒烟。要限制吸烟和劝阻别人戒烟。

4. 常吸渐戒。如果已经是正常吸烟者,可循序渐戒,建立行为危险因素监测系统,以降低患病的危险性。

5. "五况不吸"。喝咖啡、饮酒、熬夜、早晨起床、饭后等,不要吸烟。"早上吸烟,早归西天""饭后一支烟,害处大无边"。

【拓展问答】

1. 一支香烟中所含的尼古丁可毒死一只小白鼠;20 支香烟中的尼古丁可毒死一头牛;人的致死量是 50~70 毫克,相当于 20~25 支香烟中尼古丁的含量;如果将一支雪茄烟或三支香烟的尼古丁注入人的静脉内,3~5 分钟即可死亡。请问,尼古丁是什么"东东"? 它有什么危害?

2. 阅读下列三组数据,说说吸烟有何危害。

数据一:中国每年死于烟草相关性疾病者约 100 万,超过因艾滋病、肺结核、交通事故以及自杀人数的总和。烟草已经成为继高血压之后最大的人类致死因素。

数据二：男性肺癌患者99.7%有吸烟史；女性肺癌患者68.3%有吸烟史。吸烟者（每天20支以上）肺癌发生率较不吸烟者高20倍。肺癌的罪魁祸首是吸烟。

数据三：英国有12万30~50岁的男性因吸烟患有阳痿；吸烟导致英国每年发生近1200例恶性子宫颈癌以及5000例流产。吸烟对男性和女性的生殖能力造成严重影响。

3. 法国在一个俱乐部举行一次吸烟比赛，优胜者在吸了60支纸烟，未来得及领奖即死去，其他参加比赛者都因生命垂危，到医院抢救。请问优胜者为什么会死去？人的尼古丁致死量是多少毫克？为什么毒蛇不咬"烟鬼"？

4. 目前已经有明确实验证据表明，烟草在燃烧过程产生的物质中，至少有多少种具有致癌作用？

【案例点击三】

大一那一年，我倒下了三次

我叫赵钢（化名），是一名大三学生。大一那一年，我倒下了三次。第一次是在9月的一个上午，也是新生报到后的第1天。操场上彩旗飘扬，几千名新生穿着迷彩服，雄赳赳气昂昂列队在操场上，正参加军训开训仪式。八九点的太阳光，热辣地晒射着一张张青春的脸庞，校长雄壮的声音在操场上空回荡，这庄重的场面，令人肃然起敬、难以忘怀。过了约20分钟，队列中一阵骚动，有一学生晕倒了，接下来的时间里，每隔几分钟都有一名学生晕倒，45分钟左右的开训仪式，新生竟然倒下二十几个，其中一个就是我。庄重的军训开训仪式变成了新生"多米诺骨牌"表演，穿白大褂的医生成了现场最忙碌的人。仪式结束后，各队继续军训，这天上午新生累计倒下50余人。

对于第一次倒下,我不以为然。平常仍疏于锻炼,时常晚睡上网玩游戏,有时不吃早餐。终于,在一次上午第三节体育课上,我因没休息好,加上没吃早餐,出现了低血糖晕倒。时间飞逝,一学期快结束了,在体育课1500米的跑步考试时,跑到第二圈,因身体不适,我第三次倒下。当我再次看到校医室医生焦急而关切的表情时,猛然觉得羞愧不堪。经过一番检查后,医生亲切地告诉我:"同学,平常要多锻炼锻炼。每天你可以问问自己,今天我运动了吗?"

从那以后,我再也没有倒下。操场上,时常会看见咱矫健的身影。大三时,我参加了校运会,还得了奖。"今天我运动了吗?"也成了我的座右铭。

【专家评析】

军训第一天,晕倒一片,其一表明,学生的身体素质令人担忧,增强学生的体质刻不容缓。其二表明,学生暑假里,生活方式不合理,运动观念淡薄,疏于锻炼,暑假作息不规律,开学后参加军训,身体难以适应。其三表明,对学生要进行全面的健康管理,以进一步提高学生的健商和健康素质。

赵钢同学由"弱学生"变成运动健将,修正了自己的不健康生活方式,应大力倡导。"运动可以代替药物,但没有一样药物可以代替运动。"

【防范办法】

1. 强化运动观念。

大学生首先要有运动观念,时间不是问题。没有运动观念,你就是有空也不会运动。

2. 选择合适的运动项目。

运动项目要因人而异,如年龄、性别和兴趣及爱好等;要因时而异,如早、晚和季节等;要因场所、需求和目的不同而异。

跑步是大学生适宜的运动。奥林匹克运动的故乡——古希腊有句名言:

你想变得健康吗？你就跑步吧！你想变得聪明吗？你就跑步吧！你想变得美丽吗？你就跑步吧！

3. 遵守运动"三有"原则。

运动要有恒、有序、有度，即要持之以恒、循序渐进、适度运动。

4. 把握运动量与健康效益。

①有益健康的运动量。采取活跃的生活方式，充分利用可闲暇的时间进行锻炼活动，每天 1～3 次，每次大于 10 分钟的中小强度活动。

②促进健康的运动量。在活跃的生活方式基础上，增加中等强度的健身活动，每天 30 分钟，每周 3～5 次。

③增强体质的运动量。增加体能适应性及中高强度的运动，每天 20 分钟以上，每周 3 次以上。

④增强运动能力的运动量。属于竞技体育运动训练及高强度剧烈运动，其时间和频率应根据个人体能而定。

【拓展问答】

1. 运动过程包括哪些内容？
2. 什么是有氧运动？有氧运动对人身体有何益处？

【案例点击四】

现代"杨贵妃"的任性

玲玲姓杨，大二，美丽的大眼睛清澈透亮，白皙、五官端正，秀发飘飘，洋溢着浓浓的青春气息，人较胖，同学们都称她为"杨贵妃"。玲玲常挂在嘴边的一名句就是：本"贵妃"豁出去了，想吃什么就吃什么。油炸类食品会导致心血管疾病，碳酸饮料会夺走体内的钙，烧烤类食品容易致癌，甚至连吃饼干都可能会有问题，晕，那我们还能吃什么？

"贵妃"任性,常不吃早餐,零食、饮料却准备一大堆,熬夜是家常便饭,享受夜宵是美事一桩,并疏于锻炼,说锻炼身体麻烦,要有好天气,要换衣服,要有同学陪,回来还要洗澡洗衣服……但玲玲人越来越胖,已影响了"三观","贵妃"变成了"胖妃"。健康专家也常说:"一胖百病生""肥胖是万恶之源",是高血压、冠心病、糖尿病、癌症的高危因素,玲玲开始担心了。于是,她在暑期参加了某高校组织的"胖妞夏令营"。夏令营中胖妞济济,有些还是重量级的,心里反而感到安慰了些。几十天下来有一定的效果,挺有趣的,但开学两三个月后,基本回到了原来状态。

近期,"贵妃"进行了体格检测,身高 160 厘米,体重 146 斤,腰围 81 厘米,血压 85/132mmHg……

【专家评析】

"贵妃"的体质指数(BMI)= 体重/身高^2(kg/m^2)=73/1.6^2 ≈ 28.5kg/m^2,已超过 28 kg/m^2,且腰围为 81cm,超过 80cm,因此,玲玲可确诊为肥胖。

玲玲的血压为 85/132mmHg,已属于正常高值范围,是高血压等疾病的危险因素。玲玲的肥胖及血压正常高值,主要是由于其膳食不合理、作息不规律、缺乏身体活动等生活方式引起的,必须引起高度关注。同时要改变不健康的生活方式,如减少脂肪摄入、限盐、控制体重、经常进行体力活动、多吃蔬菜水果、保持心理健康等。只要持之以恒,科学合理,玲玲一定会消除肥胖,并且会大大提高自己的身体素质。

【防范办法】

"民以食为天。"药补不如食补,饮食养身体,合理膳食最关键。大学生应该如何进行合理膳食呢?

1. 食物多样,谷类为主。

每天的膳食应包括谷薯类、蔬菜水果类、畜禽鱼蛋奶类、大豆坚果类等食物;平均每天摄入 12 种以上食物,每周 25 种以上;每天摄入谷薯类食物 250~400g,其中全谷物和杂豆类 50~150g,薯类 50~100g。食物多样、谷类为主是平衡膳食模式的重要特征。

2. 吃动平衡,健康体重。

各年龄段人群都应天天运动、保持健康体重;食不过量,控制总能量摄入,保持能量平衡;坚持日常锻炼活动,每周至少进行 5 天中等强度锻炼活动,累计 150 分钟以上;主动进行锻炼活动,最好每天走 6000 步;减少久坐时间,每小时起来动一动。

3. 多吃蔬果、奶类、大豆。

蔬菜、水果是平衡膳食的重要组成部分,奶类富含钙,大豆富含优质蛋白质;餐餐有蔬菜,保证每天摄入 300~500g 蔬菜,深色蔬菜应占 1/2;天天吃水果,保证每天摄入 200~350g 新鲜水果,果汁不能代替鲜果;吃各种各样的奶制品,相当于每天液态奶 300g;经常吃豆制品,适量吃坚果。

4. 适量吃鱼、禽、蛋、瘦肉。

鱼、禽、蛋和瘦肉摄入要适量,每周吃鱼 280~525g,畜禽肉 280~525g,蛋类 280~350g,平均每天摄入总量 20~200g;优先选择鱼和禽;吃鸡蛋不弃蛋黄;少吃肥肉、烟熏和腌制肉制品。

5. 少盐少油,控糖限酒。

培养清淡饮食习惯,少吃高盐和油炸食品。成人每天食盐不超过 6g,每天烹调油 25~30g;控制糖的摄入量,每天摄入不超过 50g,最好控制在 25g 以下;每日反式脂肪酸摄入量不超过 2g;足量饮水,成年人每天 7~8 杯(1500~1700mL);提倡饮用白开水和茶水;不喝或少喝含糖饮料;儿童少年、孕妇、乳母不应饮酒。成人如饮酒,男性一天饮用酒的酒精量不超过 25g,女性不超过 15g。

6. 杜绝浪费,兴新食尚。

珍惜食物,按需备餐,提倡分餐不浪费;选择新鲜卫生的食物和适宜的烹调方式;食物制备生熟分开、熟食二次加热要热透;学会阅读食品标签,合理选择食品;多回家吃饭,享受食物和亲情;传承优良文化,兴饮食文明新风。

【拓展问答】

1. 如何计算成人的体质指数?体质指数为何值时,表明身体超重?
2. 如何确定是否患了高血压?
3. 什么是营养素?主要包括哪些?

【案例点击五】

阴部瘙痒令人羞

倩倩(化名)和方涛(化名)是一对恋人,高中是同班同学,两人又考上了同一所大学,虽专业不同,但无话不谈。一日,晚饭后两个人都穿着紧身的牛仔裤在校园漫步,倩倩发现方涛总是有意无意地去触碰自己的阴部,于是说:"你怎么老是去碰摸自己的'特殊部位',来来往往这么多人被人看见了多丢人!"方涛说:"那里痒,忍不住了。"接着,倩倩挡在他的前面,方涛尽情地挠了几下。

其实,倩倩自己这两天也感到阴部发痒,并且白带较多,隐隐觉得难受。自己也搞不清为什么,可能是前几天买了新的内裤没有洗就穿上的原因吧。第二天,方涛的"特殊部位"还是痒痒的,倩倩也仍然难受,于是,两人到了校医室,经过一番询问与检查后,医生说,主要是不注意卫生引起的,配了一些药,并讲述了一些卫生保健的知识和方法。没过几天,方涛与倩倩的瘙痒和难受都没有了。

【专家评析】

方涛和倩倩阴部瘙痒的因素是多方面的,大致原因有:①不讲外阴卫生而导致炎症。尤其是女生不注意经期的阴部卫生,经血和阴道分泌物刺激外阴部而引起瘙痒。②因为气温高出汗多,加上穿过紧的或不透气的裤子,导致阴部潮湿,产生瘙痒。③因缺乏维生素 B_2 或因真菌感染或外阴皮肤病及糖尿病、黄疸、白血病、贫血病、肝肾疾病等也可能引起外阴瘙痒。④少数瘙痒是由精神紧张、焦虑或失眠引起的。

阴部瘙痒时不要抓挠,更不要用开水烫洗,要加强个人卫生,消除引起瘙痒的因素,保持外阴清洁干燥,并及时求医。

【防范办法】

大学生正值青春期后期,要注意性卫生。

1. 适时清洁生殖器官。

①男性生殖器的清洁。阴茎每天要清洗,尤其是包皮过长的人,以免积垢较多,发生刺痒或感染,引起发炎或其他的疾病;包皮垢有致癌作用,可引发阴茎癌;不洁的生殖器,会诱发配偶生殖器疾病的发生;内裤要经常换洗,忌内裤肮脏。内裤是最贴身的衣物,以纯棉为佳,通常穿着半年不再使用。

②女性生殖器的清洁。外阴清洗:每天用温水清洗,洗的毛巾要柔软一点,动作要温柔一点;清洗顺序:先由外向内,再由内向外。即从大阴唇内侧开始,向内清洗小阴唇、阴蒂周围及阴道前庭,然后,清洗大阴唇外侧、阴阜、大腿根部内侧,最后清洗肛门。大便后,擦屁股必须从前往后擦,以免残屎碰到生殖器;要避免内裤穿得太紧;内裤要经常换洗,洗外阴和内裤最好有专用盆;正常情况下不冲洗阴道。

2. 女生要注意经期卫生。

①保持外阴清洁。②勤洗勤换经期用品。③注意保暖和饮食。④保持精神舒畅。⑤注意休息和适量运动。

3. 避免过早的性交。

①一般男生到 22 岁才发育成熟,过早性生活,性器官还没有发育成熟,易

引起不同程度的性功能障碍,成年后易发生早泄、阳痿、腰酸、易衰老等问题。

②调查发现,20岁以下的少女患子宫颈癌与性生活不洁有密切关系,并发现性生活年龄愈小、性伴侣愈多、性交愈频,其发病率也愈高。过早的性交可能会阻碍正常生理的成熟。

③过早的性生活会增加性疾病发生的可能,导致意外怀孕的可能。

④过早的性生活易造成生理、心理发展的脱节,不仅干扰学习生活,严重者造成性心理的不健康发展。

【拓展问答】

1. 什么是包皮垢?为什么阴茎要每天清洗?
2. 女生应如何清洗外阴?阴道要每天清洗吗?
3. 女性经期要注意哪些卫生?
4. 为什么要避免过早性交?

传染病的预防

传染病是由病原微生物(病毒、立克次体、细菌、螺旋体等)和寄生虫(原虫或蠕虫)侵入人体所引起的、能传播给他人的疾病。目前威胁人类健康的病毒有5000多种,细菌有30000多种,而且许多病毒可以不断复制、变异十几亿次。高校常见的传染病如肺结核、病毒性肝炎、麻疹、腮腺炎、水痘、流感等,都具有极强的传染性。传染病轻者可影响我们的工作、学习和生活,重者可留后遗症甚至死亡,如果造成流行,后果将更严重。对于传染病,大家一定要齐心协力,努力做到"五早",即早发现、早诊断、早治疗、早隔离、早报告,把危害减至最低。

【案例点击一】

潜伏在"象牙塔"里的痨病

小丁是某大学的大二学生,内向、少言、不爱活动、常旷课,总是把自己关在寝室里,摆弄着自己的电脑,很少外出,饿了就吃方便面。他看上去深沉,有沧桑感。寝室共住6人,其中小周与小丁接触较多,也最要好。

近两个月来,小丁持续咳嗽、咳痰,上课次数屈指可数,小周问他,要不要去医务室,他总说不用,同伴们也就不太在意了。其实,小丁已经得了传染性肺结核,即痨病,小丁自己不知道,寝室同伴不知情,一起上课的同学和老师都浑然不知。打个喷嚏都要传染的痨病,就这样潜伏了一个多月。不久,小周也咳嗽、咳痰,大约过了两个星期,竟咳出血来了。小周慌了,赶紧上医院检查,被确诊得了传染性肺结核。小周被隔离治疗,医务人员立即对患者宿舍、教室等场所进行消毒处理,随后校传染病防控工作领导小组召集防控会议进行进一步布置与协调,共筛选出亲密接触人员百余名,由学校组织疾控中心安排,对百余名师生进行PPD检测和拍片。

第一批筛选人员,经一系列检查,确诊10余人为传染性肺结核,其中包括小丁。然后,以这10余人为中心,再筛选出300余人亲密接触人员,进行PPD检测和拍片……学校爆发痨病,严重影响了正常的教学秩序,影响了师生的工作、学习和生活,学校也成了"网红"。

【专家评析】

肺咳嗽、咳痰2周以上,咳血或血痰是肺结核的主要症状,其他常见症状包括胸闷、胸痛、低热、夜间出汗、乏力、食欲减退和体重减轻等。小丁没有察觉自己可能得了肺结核,表明这方面的知识不足,要加强疾病预防知识的学习,提高自己的健商。

任何一种传染病,都要遵循"五早"原则:早发现、早诊断、早治疗、早隔离、早报告。上述案例中,肺结核潜伏了那么长时间,严重违反了"五早"原则,后果严重,浪费了大量的人力、物力和财力,影响了大家的身心健康及学校教学秩序。

【防范办法】

呼吸道传染病的预防措施:

①勤洗手、多喝水、搞好环境卫生、不要随地吐痰。

②勤晒被褥、勤换洗衣服,不要共用毛巾等个人用品,搞好家庭及个人卫生。

③咳嗽、打喷嚏时捂住口鼻,防止污染空气。经常开窗通风,保持室内空气新鲜。

④饮食合理,多吃蔬菜水果,适当增加水和维生素的摄入。

⑤坚持体育锻炼和耐寒锻炼,生活有规律、睡眠适宜、不吸烟、少饮酒,并注意保暖防止感冒,提高自身免疫力。

⑥进行免疫预防,努力做到早发现病人、早诊断、早治疗、早隔离、早报告。

⑦发生呼吸道传染病时,尽量减少到人员拥挤的公共场所,尽量减少和患者及其患者家属接触,要及时进行治疗,最好是分房隔离、限制活动。

【应对措施】

肺结核的应对措施:

①不随地吐痰,咳嗽、打喷嚏时掩口鼻,戴口罩可以减少肺结核的传播。

②居家治疗的肺结核病人,应当尽量与他人分室居住,保持居室通风,佩戴口罩,避免家人被感染。

③肺结核可防可治。加强体育锻炼,生活规律,补充营养,提高人体抵抗力,有助于预防肺结核。

④规范全程治疗,绝大多数患者可以治愈,还可避免传染他人。肺结核治疗全程为 6~8 个月,耐药肺结核治疗全程为 18~24 个月。肺结核病人如果不规范治疗,容易产生耐药肺结核。病人一旦耐药,治愈率低,治疗费用高,社会危害大。

【拓展问答】

1. 什么是呼吸道传染病？常见的有哪些？
2. 防治传染的"五早"原则是什么？
3. 当你咳嗽、咳痰长达2周时，会不会主动去医院就诊，还是自己随便吃点药硬扛下来？

【案例点击二】

酒肉穿肠过　细菌体中留

又到大学毕业季，即将离开校园的大学生们开始了狂欢。

某高校6名学生临别聚餐，在学校西大门路边小吃摊要了大量烧烤、炒饭等，又买了几瓶啤酒，不料乐极生悲，吃完后回到宿舍，几个同学开始腹痛、恶心、呕吐、腹泻、发热，大家陆陆续续地赶往医院就诊。

经检验，大家的血化验报告提示细菌感染，粪便中检验出了志贺菌阳性，确诊为细菌性痢疾。经过消炎、止泻、退热治疗，大家的病情逐渐好转，所幸的是没有留下后遗症。

【专家评析】

细菌性痢疾是志贺菌属（痢疾杆菌）引起的肠道传染病。志贺菌经消化道感染人体后，引起结肠黏膜的炎症和溃疡，并释放毒素入血。临床表现主要有发热、腹痛、腹泻、里急后重、黏液脓血便，同时伴有全身毒血症症状，严重者可引发感染性休克和（或）中毒性脑病。

大学生参加聚会机会多，尤其是大排档、路边烧烤摊等地方进食机会大大增加。这些地方卫生条件差，加上临近毕业，气温高，空气湿度大，使得细菌大量繁殖，而大学生自视身体好，进食没有节制，大大增加了与致病菌接触的机会。

→【防范办法】

1. 识别症状。

肠道传染病一般症状：

①主要有恶心、呕吐、腹痛、腹泻、食欲不振等胃肠道症状，有些可伴有发热、头痛、全身中毒症状。

②症状的轻重要看感染的是哪种细菌和病毒，有些肠道传染病来势十分凶险，如霍乱和中毒性细菌性疾病等。细菌在人体内大量地生长繁殖，毒素迅速进入人体血液，若不及时治疗，可引起严重的并发病，导致多器官功能衰竭而死亡。

2. 把握预防关键点。

"三管一灭"是预防肠道传染病的关键点：①管好饮食。②管好水源。③管好粪便。④消灭苍蝇。

3. 明确具体措施。

预防肠道传染病的具体措施有：

①注意饮水饮食卫生，不喝生水，不吃变质食物，尤其注意不要生食或半生食海产品、水产品。食物要彻底煮熟、煮透。剩余食品、隔餐食品要彻底加热后再食用。外出旅游、出差、工作要挑选卫生条件好的饭店就餐，并尽量少食凉拌菜，最好不要在路边露天饮食小摊点就餐。

②讲究个人卫生，养成饭前便后洗手的习惯。常剪指甲、勤换衣服。

③注意劳逸结合，起居有度，生活有规律。加强体育锻炼，增强对疾病的抵抗能力。

④搞好环境卫生，加强对粪便、垃圾和饮用水的管理，广泛开展爱国卫生运动，建设文明校园，消灭苍蝇、蟑螂、老鼠等传染媒介。

⑤高危人群可接种伤寒疫苗、口服痢疾疫苗、口服轮状病毒疫苗、注射甲肝疫苗等。

⑥当发生腹痛、腹泻、恶心、呕吐等胃肠道症状时，要及时去就近医疗机构的肠道门诊治疗，以免延误病情。

【拓展问答】

1. 什么是肠道传染病？常见的有哪些？
2. 肠道传染病主要有哪些传播途径？
3. 预防肠道传染病的关键要认真做好"三管一灭"，"三管一灭"的内容是什么？

【案例点击三】

迟打的狂犬病疫苗

某节日的一个下午，大一的燕燕接到邀请去舅舅家相聚吃饭，共享亲情。傍晚时分，燕燕在舅舅家的院子里一边吸着新鲜空气，一边溜达，看到院子的角落里拴着一只家狗，很是可爱。燕燕友好地碰了下狗的尾巴，殊不知狗猛然回头咬了过来，她躲闪不及，小腿上被咬了一口。虽然穿着牛仔裤，但还是出了血。大家不太注意，不知道她被狗咬了，为了不影响气氛，燕燕擦了擦伤处的血迹，当作没事发生一样。她心想，家狗应该不会有狂犬病，再说还隔着牛仔裤，打狂犬病疫苗的事再说吧。

晚上到家已经10点左右，燕燕简单擦洗了一下睡了。第二天，径直回到了学校。大约过了两个星期，燕燕被两条信息吓蒙了。信息一：一小学生三年前被家狗咬了一下，母亲以为没有事，没有去打狂犬疫苗，简单处理一下伤口了事，三年后孩子被确诊为狂犬病。信息二：最近，在某医院内，一名患狂犬病的男子突然病情发作，不仅咬伤了一名保安，还抓伤了两名男子。这位狂犬病患者病情潜伏了6年后才发作。

现在去打狂犬病疫苗还有效果吗？回答是肯定的。惊慌的燕燕到相关医院注射了狂犬病疫苗，心里也多了一点安慰。

【专家评析】

狂犬病又称恐水症,是由狂犬病毒引起的一种急性传染病,一旦发作,死亡率近乎100%。潜伏期的长短与咬伤的部位、创伤程度、局部处理情况、衣着厚薄、个人体质等相关,从几天到1~3个月不等,平均约4~6周,个别人潜伏期可长达2~10年。在潜伏期中,感染者没有任何症状。

燕燕、发病的小学生、发病的男子,在被狗咬后的24小时内没有去指定医院打疫苗,是极端错误的。被狗咬后,在病没有发作之前,打疫苗都有一定的预防效果。

【防范办法】

1. 警惕"健康"狗。狂犬病的传染源主要是:①患狂犬病的动物及患狂犬病的人;②带有狂犬病毒的"健康"狗及动物。一切温血动物都可感染狂犬病,但敏感程度不一,哺乳动物最为敏感。狗是人类的朋友,带有狂犬病毒的"健康"狗,是最危险的隐形杀手。

2. 定期给狗进行兽用疫苗注射。

3. 与宠物保持适当距离。

4. 被狗、猫等咬伤后应急处理方法:

①冲洗。立即用清水或20%肥皂水彻底、持续清洗,不断擦拭。一般不包扎伤口。

②立即送医院,注射狂犬疫苗及破伤风抗毒素。注射狂犬疫苗和破伤风抗毒素越早越好。

【拓展问答】

1. 常见狂犬病的传染源有哪些?其传播途径是什么?
2. 不慎被狗咬伤,应如何处理?
3. 简述狂犬病的发病过程。

【案例点击四】

没有过"出轨"行为,却得了性病

朱明(化名)与孙亮(化名)是大三同班同学,朱明准备考研,孙亮为了交友与生活方便,住进了二人一间的学校"高级"宿舍。两人关系较"铁",击掌、拥抱、共用拖鞋、水杯、脸盆、浴巾等情况时有发生,有些时候连内裤都共用。

孙亮男女朋友众多,交际广泛,朱明不在时,常带朋友在"高级"宿舍过夜。一日,孙亮不在,朱明发现桌台上有头孢曲松钠、诺氟沙星等药物,后来问孙亮是不是得了什么病,孙亮说:前段时间,我发现自己的尿道口发痒、红肿,有轻微刺痛等感觉,并伴有稀薄透明黏液流出,出现尿急、尿痛、尿频等尿道刺激症状,后来,我去医院检查,确诊为淋病。可能是那天喝多了酒,与一校外女子"啪啪"一下感染的。

朱明听后大惊失色,因为他也有尿急、尿痛、尿频等尿道刺激症状,并且知道性病可通过接触传播。在孙亮的道歉声中,朱明离开宿舍去医院检查了。最终,朱明未能幸免。

【专家评析】

朱明和孙亮得的是淋病,性病的一种。淋病是由淋病奈瑟菌(淋球菌)引起的泌尿生殖系统的化脓性感染,也包括眼、咽、直肠、关节感染和播散性淋球菌感染。

孙亮得病多为性接触传播引起,而朱明则因间接传播得病。性病最主要的传播途径是无保护的性行为,还可以通过血液传播、母婴垂直传播、医源性感染,以及通过身体的皮肤直接接触,共用病人内衣裤、被褥、毛巾甚至厕所坐板等物品传播。一旦发现性病,医治越快越好,以免造成后遗症和危害他人。

【防范办法】

1. 认识性病危害。

性病危害个人、危害家庭、危害后代、危害社会。

2. 学会识别性病体征。

①男性常见性病的体征:阴茎有分泌物;排尿困难、尿痛尿频;腹股沟腺体/淋巴结肿大;生殖器部位疼痛性或无痛性的水疱和开放性溃疡生殖器部位疣体;四肢非瘙痒性皮疹;流感症状等。

②女性常见性病的体征:不规则出血;下腹/盆腔疼痛;阴道分泌物异常(异色、异味);外生殖器黏膜与皮肤周围有任何疼痛、水疱、肿块或红斑;性交疼痛;阴道肿胀或瘙痒。

3. 养成良好的个人卫生习惯。

不与他人共用毛巾、牙刷、内衣,在旅馆不要裸身睡觉,最好穿长衣长裤;在公共浴池最好使用淋浴而不用盆浴;饭前、便前便后及数完钞票后均要洗手,尽可能不给病菌以感染的机会。

【拓展问答】

1. 钱币会传播性病吗?性病有哪些传播途径?
2. 如何预防性病?

【案例点击五】

艾滋病——小赵心中永远的痛

小赵是计算机专业的大三学生,来自一个小山村,父母都是朴实、勤劳的农民,他是独生子女,是全家的希望。父母和村里的父老乡亲都以他为骄傲,并希望他好好地学习这门高科技专业,为父母争光,为家乡争光。

小赵不善言谈，成绩不错。大二的下学期他对父母说："学校里熄灯比较早，为了多学一点，我想校外租房住，学校里同意的。"父母欣然同意。在校外租房住，自由了很多，渐渐的小赵与社会上的一些"同性恋"青年打得火热，并发生了多次"肛交"行为。大三时，有一次小赵病得厉害，夜间盗汗，精神萎靡，继而全身淋巴结肿大，去医院诊治，医生给他验血检测，结果表明：他感染了艾滋病病毒。这消息仿佛晴天霹雳，把小赵击垮了。痛定思痛后，小赵决定要咬牙活下去。

随后的日子里，小赵由"防艾"相关部门人员进行督管，定期领药吃。有一次回家，吃药时被父亲发现，在父亲的逼问下，小赵终于向父亲说出了自己感染艾滋病病毒的事。听到这消息，小赵父亲"希望的宫殿"崩塌了。愤怒的他第二天就赶到学校，责问学校领导："我好端端地把孩子交给你们，你们却把他变成了艾滋病患者……"一边说，一边老泪纵横，泣不成声。小赵哽咽地说："是我对不起自己，对不起学校，更对不起父母！"艾滋病，成了小赵心里永远的痛。

【专家评析】

小赵的遭遇对自己、对父母、对学校、对社会的危害是巨大的，但事情已经发生就要积极面对。

小赵是艾滋病病毒感染者，艾滋病病毒感染者并不等于艾滋病病人。从艾滋病病毒感染者发展成艾滋病病人需要数年或更长时间。一旦发病，一般会在半年至2年内死亡。

艾滋病是一种十分严重的传染病，迄今为止，尚没有研究出可以预防的疫苗，也没有药物能彻底治愈艾滋病。小赵所吃的药物不能治愈艾滋病，但能减缓病情和推迟死亡。

【防范办法】

1. 注意防范。

艾滋病病毒感染者与艾滋病患者的信息，根据保密条例，是不能公开的，谁违反保密条例泄露信息要负法律责任。因此，你身旁的人是不是艾滋病病毒感染者或艾滋病患者，一般人是不知道的，可能"艾"就在身边。因此，要知悉艾滋病的传染途径，注意防范。

2. 及时检测。

避免高危的嫖娼和多性伴行为。如果有过高危行为，一定要及时检测。

3. 使用消毒医疗器械。

在日常生活中，就医、打针、输液等情况时常发生。当打针、输液或进行其他处理时，应注意注射器、输液器或治疗器械是否经过严格消毒，或者是否是质量可靠的一次性用品，如果不是，则应该果断地拒绝使用。

4. 不去无证诊所求医。

不要去无行医执照或无消毒措施的街头诊所或美容机构打针、输液、扎耳眼、文身等。针灸针也必须消毒。

5 不与他人共用易破肤用品。

不与他人共用牙刷、牙签、剃须刀及有可能刺破皮肤的日常生活用品。

【拓展问答】

1. 什么是艾滋病发病的窗口期？它有什么特点？
2. 艾滋病的传染途径有哪些？
3. 请列举 5 个感染艾滋病病毒的高危行为。

日常用药注意事项

药物，是指可以改变或查明机体的生理功能及病理状态，可用来预防、诊断和治疗疾病的物质。药物和毒物之间没有严格的界限。通常，毒物是指较小剂量就能对机体产生毒害作用、损害健康的化学物质，而药物剂量过大也能产生毒害反应。按国际通用的药品管理方法，药物可分为处方药和非处方药。根据我国药品分类管理规定,处方药指必须凭医生处方才能得到,并在医务人员的指导下应用的药品。处方药简称 Rx 药。非处方药指不需要医生处方,消费者可自行判断、购买和参考药品说明书应用的药品,简称 OTC。

合理用药是指安全、有效、经济地使用药物。"安全"在于使患者承受最小的治疗风险,获得最大的治疗效果;"有效"可表现在根除病源治愈疾病、缓解疾病进程、缓解临床症状、预防疾病发生和调节人体生理机能等;"经济"是指以尽可能低的医疗费用达到尽可能好的治疗效果。

【案例点击一】

处方药能自行购买吗?

小任住的外语学院宿舍,离一家药店很近。平常有些头疼、嗓子疼、感冒什么的,她都是进药店买一些药吃一下了事,懒得进医院排队看医生。

一日,小任有些头疼,咳嗽,咳痰,身体不太舒服,便去药店买止痛药、抗生素、咳嗽糖浆等。服务员说,有些是处方药,按规定没有处方是不能买的,你不要发票,大家又熟悉就给你吧。

回到宿舍,小任看到有些药上写着"每日三次",就把吃药的时间设定在上午、中午和下午,考虑到药可能会苦,特地准备了一些甜的饮料辅助服用。

小任的这一过程,你认为她有什么不对吗?

【专家评析】

小任购药有很多不妥的地方。其一,头疼,咳嗽,咳痰,身体不太舒服,应到医务室或医院就诊。其二,自选处方药危害非常大。处方药没有医生、药师的指点擅自服用,很容易对肝、肾等产生危害。据中国药品不良反应监测中心统计,处方药的不良反应远远高于非处方药。买药本为了治病,但千万要谨慎,可别把危险买回家。其三,不要发票,万一是假药、劣药,说都说不清。其四,"每日三次"中的"日"是指24小时,不是白天,"每日三次"服药可以这样安排:早上7点,下午3点,晚上11点。其五,服药最好用白开水。

【防范办法】

在日常生活中应该怎样合理购买药物呢?

1. 明确药物作用。

购买前要明确药物的基本作用。药物的作用包含对机体的作用和对病原体的作用。

2. 要了解药物的不良反应、副作用、毒性反应及过敏反应等。

3. 要懂得如何识别假药和劣药。

可从说明书、商标、批准文号和外观等方面进行识别。

4. 要弄清药品说明书上的"慎用""忌用""禁用"的区别。

①慎用,指该药可以使用,但必须密切注意病人用药后可能发生的不良反应,一旦出现不良反应立即停药。

②忌用,指不适宜使用或应避免使用该药,因用药后发生不良反应的可能性大。如肾功能减退应忌用对肾功能有影响的药物。家庭用药时,凡忌用药品最好不用。

③禁用,是禁止使用之意,是关于用药的最严厉警告,指某些病人使用该药后会发生严重的不良反应,必须严禁使用。如青光眼禁用阿托品,青霉素过敏者禁用青霉素。

【拓展问答】

1. 什么是处方药?什么是非处方药?

2. 如何识别假药和劣药?

3. 药物的慎用、忌用、禁用的含义分别是什么?

【案例点击二】

先吃感冒药能预防感冒吗？

高强（化名），中文系大三学生，做事很有计划性，"凡事预则立，不预则废"是他的座右铭。小学时读初中的书，初中时读高中的书，高中时读大学的书，现在读研究生的书。考试时，很多同学手忙脚乱，他从容自如。

在健康与安全方面，高强也是这样做的，常挂在嘴边的是东汉末期政论家、史学家荀悦的一句话："防为上，救次之，戒为下。"在室友的记忆中，大小病都与他无缘，各种意外伤害常擦边而过。

高强不生病，但吃药总是最积极的。寝室有室友感冒，患者还没有吃药，他却先喝起了清开灵、口服白加黑，预防感冒；外出聚会，先吃诺氟沙星、黄连素防拉肚子；明明胃好好的，却常吃三九胃泰……常说："防患于未然！"

先吃感冒药能预防感冒吗？吃诺氟沙星、黄连素防拉肚子吗？吃三九胃泰能预防胃病吗？

【专家评析】

高强同学"未病先防"的理念，体现了高健商，非常值得倡导与点赞。疾病预防分为三级：一级预防（病因预防）、二级预防（临床前期预防）和三级预防（临床预防）。健康中国、健康浙江、健康高校的核心就是"未病先防"，即一级与二级预防；当然也包括既病防变和愈后防复，即三级预防。

"对症下药"，没有症就不用下药。白加黑、诺氟沙星和黄连素及三九胃泰都没有预防感冒、预防拉肚子及预防胃病的作用，正常人吃了，尤其是长期吃，会影响肝功能、肾功能等。"是药三分毒"，没有病吃药，既对机体产生负面影响，又浪费药物资源和钱财，得不偿失。高强的这种特殊的"防患于未然"是不安全、无效用、不经济的,属于不合理用药。但周围感冒的人多了,冲包清开灵吃是可以的。

→【防范办法】

1. 合理选择药物。

要考虑:①是否有用药的必要,在可用可不用的情况下无须用药。②在可供选择的同类药物中,应首选疗效最好的药。③药物疗效与药物不良反应的轻重权衡。应尽可能地选择对病员有益无害或益多害少的药物。④联合用药问题。联合用药可能使原有药物作用增强,称为协同作用;也可能使原有药物作用减弱,称为拮抗作用。提高治疗效应,减弱毒副反应是联合用药的目的。⑤价格问题。在疗效和不良反应相类似的情况下,应选择价格低的药物。

2. 合理选择制剂。

同一药物、同一剂量、不同的制剂会引起不同的药物效应,这是因为制造工艺不同导致了药物生物利用度的不同。选择适宜的制剂也是合理用药的重要环节。

3. 合理选择剂量。

4. 合理选择给药途径。

5. 要合理选择给药时间间隔、用药时间及疗程。

6. 正确对待补药、新药。

①合理应用补药。"是药三分毒。"补药也不例外。补药的作用是使机体恢复平衡、维持机体内环境的稳定,它的作用是相对的。补药也有明确的适应证、不良反应和用药注意事项。②正确对待新药。新药使用时间短,试用病例也有限,某些副作用在短期内还未能被发现,所以使用新药比使用老药要承担更多的风险。

7. 对疾病的治疗不能仅靠药物。

"病是三分治,七分养。""治"指使用药物和一些其他治疗方法;"养"包括休息、营养、活动、锻炼、生活规律、乐观情绪等在内的一系列加强机体抵抗力、促进恢复健康的积极措施。"治"是通过"养"来发挥作用。

【拓展问答】

1. 常见的用药途径有哪些？
2. 选择药物时要考虑哪些因素？
3. 简述"病是三分治，七分养"中"养"的含义。

【案例点击三】

厉害了，我的感冒药

芳芳，外语学院大二女生，清秀、瘦弱、略带忧郁，属黛玉型美女。独生子女，父母视若掌上明珠。

深秋的一个周末，芳芳得了重感冒，在校医室就诊后，吃完药在寝室休息。母亲得知"心头肉"重感冒，带了一大堆感冒药匆匆赶到学校，并迫不及待地要女儿吃药。不一会儿，男朋友也来了，考虑到一般感冒药都有，特地配了一些不常见的感冒药，还说多药齐下会好得快一点。在男友含情脉脉的目光注射下，芳芳又吃了感冒药，接受了这份深沉的爱。约好周末一起去活动的闺蜜，知悉芳芳重感冒，也带着水果、感冒药及维生素C等来看望她。在温暖的友情推动下，芳芳又"补"了一下。就这样，芳芳吃了不少于6种感冒药，每一种吃了几颗自己也不知道了。

傍晚时分，芳芳浑身难受，生命垂危，被送往医院抢救……经全力抢救，终于脱离了危险。

【专家评析】

芳芳感冒的用药量，即剂量，已达到"中毒量"，接近"致死量"。她浑身难受，生命垂危，是感冒药中毒导致的。

用药剂量是有一定范围和限度的，最低限度的剂量叫"最小有效量"，最小有效量以下的药量没有治疗效果。在最小有效量以上而不引起任何中毒症状的剂量叫作"常用量",也就是平时使用的药物剂量。常用量的最大限度叫"极量",是允许使用的最大剂量。超过极量会引起中毒现象的量叫作"中毒量"。严重中毒引起死亡的量叫作"致死量"。除特殊情况,药物的用量应控制在常用量与极量之间。

【防范办法】

1. 要学会识别药物。

要会识别假药与劣药;要会识别药物的有效期,确定药物是否在有效期内;要会识别是不是处方药;不要私自购买处方药,处方药要在医生指导下使用。

2. 正确服药。

要对症用药;服药剂量要准;按时服药;服药时要多喝温开水;不能一次滥用多种药;服某些药物时要忌口;禁用茶水、牛奶、饮料服药。

3. 不滥用药物。

大多数药物都或多或少地有一些副作用,特别是长期使用或用药量较大,容易出现毒副作用。滥用不但会造成物质的浪费,而且会给病人带来各种痛苦,造成伤害。

4. 注意年龄、性别、个体的差异性。儿童、青年、老人对药物的反应和耐受性是有所不同的。

5. 注意药物的相互作用及配伍禁忌。

配伍禁忌要注意两方面:①避免药理性配伍禁忌,即配伍药的疗效互相抵消或降低,或毒性增加。如升压药与降压药、泻药与止泻药等。②避免理化性配伍禁忌:主要是酸性药物与碱性药物。如阿司匹林(酸性)与碱类药物配伍,易引起分解。

【拓展问答】

1. 什么是药物使用的常用量、中毒量和致死量?
2. 什么是药物的配伍禁忌? 配伍禁忌要注意些什么?
3. 为什么不能用茶水、牛奶、饮料服药?
4. 滥用抗生素有哪些危害?

专题八

拒绝"黄赌毒"

"黄赌毒",指卖淫嫖娼,贩卖或者传播黄色信息,赌博,种植、买卖或吸食毒品的违法犯罪现象。黄:导致社会风气败坏,引起各种各样的社会犯罪,损害身心健康,滋生一系列社会道德问题。赌:容易引发贪污、挪用公款、行贿受贿等各种腐败和违法犯罪现象,久而久之会使人的人生观、价值观发生扭曲,影响到党的执政地位和国家的前途命运。毒:家庭中一旦出现吸毒者,使家庭陷入经济破产、亲属离散,甚至到家破人亡的困难境地;毒品活动加剧诱发了各种违法犯罪活动,扰乱了社会治安,给社会安定带来巨大威胁。在中国,"黄赌毒"是法律严令禁止的活动,是政府主要打击的对象,对"黄赌毒"的刑罚从拘留至死刑不等。随着改革开放的不断深入,我国在引入西方先进科技与文化的同时,一些消极恶俗的文化也随之而来,致使国人在思想观念与价值观取向上发生了偏差。一些人崇尚拜金主义、享乐主义,贪图骄奢淫逸、腐化堕落的物质生活方式,从而让自己的生活堕落萎靡。而在非法暴利的诱惑下,一些不法分子如飞蛾扑火般前赴后继,不惜以身试法,铤而走险,继而出现"黄赌毒"违法犯罪手段花样百出、经营更为隐蔽的乱象,使得"黄赌毒"问题屡禁不止,防不胜防。在这种情况下,大学校园也早已不是一方净土,那些不法分子也逐渐将"黄赌毒"的黑手伸向了思想单纯、好追求刺激、虚荣心较强、社会阅历不足的在校大学生们。

【案例点击一】

"小赌怡情"险毁学业

吴焕（化名）是刚刚步入大学校园的大一新生，相比以前枯燥、紧张、压力十足的中学时代，大学生活对他来说就是轻松、自由和多彩。没有父母的监管，再加上每月不少的生活费，一下自由和"富裕"起来的吴焕，有了大把可供支配的时间和金钱，渐渐开始了在课余时间用手机玩斗地主之类的游戏，慢慢地开始上瘾，逐渐扩展到赌球、捕鱼等网络赌博游戏，买游戏币、买钻充值，5元、10元、50元……花样也越来越多，各种游戏玩不停歇。上课玩、旷课、逃课玩对他成了家常便饭，充值钱不够，就向同学借，骗同学、骗家长，骗不来了，就开始网络贷款……大一结束，9科就有8科挂科，还被高利贷天天催债，最后没办法，办理了休学手续。

看到已年过半百的父母为偿还其背负的巨额外债，不得不在上班之余再额外打工时，吴焕才开始醒悟。幸亏他悬崖勒马，经过一年的休学，体会到了生活的不易，也彻底戒掉了赌瘾，重新开始了大学生涯。虽然比同级的同学晚了一年，但经过努力他最终还是取得了毕业证。

▶【专家评析】

天下之倾家者，莫过于赌；天下之倾德者，莫过于赌。的确，牌桌玩乐对许多年轻人来说颇有吸引力，不管是过年时陪同亲戚玩两局，还是平时和朋友小搓一番，偶尔的小赌再正常不过，更何况本着"小赌怡情，大赌才伤神"的精神，有些人就认为偶尔一两次无伤大雅的桌牌游戏，不失为拉近亲戚朋友关系、增进交流的一种手段。何况现如今大家可以通过微信小游戏等形式，天南海北的人都可以参与进来，又较传统的棋牌游戏等更方便牌友交流。殊不知有多少人就是从"小赌怡情"一点点滑向赌博、犯罪的深渊？特别是在校大学生，自由、有闲、有点钱,在人格和自我约束没有很好养成的情况下,这些游戏的刺激就成了击溃其人生防线的蚁穴,在一次次的侥幸与"最后一次"的魔咒中,勒紧了自己的人生!

▶【防范办法】

很多家长在中小学阶段非常重视孩子的教育和监管,但孩子一旦上大学就如脱缰之马一样自由。所以家长要从小培养孩子的自制力和自觉性,孩子上了大学家长也不能放任,发现有赌博问题及时处理。对大学生自己来说,要有一个成年人的担当,树立目标和理想,定好底线,把主要精力放在学业上。同时,学校也要提高学生的辨别能力、自我控制能力和解决问题的能力,帮助学生树立正确的"三观"。父母首先要以身作则,自己不参与赌博,更不在家中聚众赌博。严格控制子女的金钱消费,过问子女零钱的用途,正当的支出尽量满足,不正当的开支要求则应坚决拒绝。

▶【辅导员信箱】

1. 你的亲朋好友会在节日里打牌吗?赌钱吗?
2. 你喜欢棋牌游戏吗?
3. 你有在棋牌游戏里赌钱或充值吗?

【案例点击二】

逃走的人生

李雷(化名)曾经堪称学校的风云人物,身为学生会主席的他,出手阔绰,既是学霸表率,又是工作先进。只有身边那些成为他"债主"的同学才知道,李雷还有着沉溺于赌博的另一面。

嗜赌的李雷,为筹措赌资,把目光转向了他的父母、兄弟姐妹、朋友、同学还有老师……他们都曾是最信任他的人,如今却成了被坑得最惨的人,因为他背上了几万、十几万不等的债务,而这些钱都被李雷拿去赌博挥霍掉了。他欺骗同学们说自己在放贷公司工作,需要资金周转,同时可以给他们高利息。后来大家才发现,他在多家网站上赌博输了很多钱,有说几十万,有说上百万,有说几百万。为了躲避追债,已经办理休学的李雷彻底失联了,手机关机,音信全无,连其父母都无法确认他是死是活。

被欺骗背负巨额外债的朋友和同学,无奈之下只能将昔日朋友诉至法院。法网恢恢疏而不漏,逃跑的李雷终将会等到自己的落网之时。

【专家评析】

大学生深陷网络赌博,最初只是凭一时的好奇心加入了这些QQ群、微信群。他们从尝试参与,到赢钱挥霍的兴奋,再到输钱想翻本的疯狂,最后就走到了债台高筑的境地。网络赌博严重影响了他们的学业、生活以及未来的发展,有的甚至造成家破人亡的悲剧。一方面,学生对于个人生活无明确目标,发展动力不足,把个人重心放在与学习无关之事上,沉迷于赌博难以自拔;另一方面,学校老师和学生家长在教育问题上忽视了对学生的心理疏导,紧抓文化知识的应试教育,使得漫无目的的个人成长失去了方向,开始走下坡路,他们对于学生出现的违法和涉嫌违法的问题,肯定负有一定的责任。

【防范办法】

逃跑并不能丢下责任,法律的制裁终将来临。为了减轻法律的惩罚,洗心革面、重新做人,让自己遗忘的优秀再次回来,才是最佳弥补之道。大学生虽已进入成年时代,但心智尚未完全成熟,面对充满诱惑的大千世界,容易迷失自己。父母既要关注孩子的学习成绩,又要关注孩子学校生活和学校外的动态,及时纠正问题。学校老师需及时发现问题,对于严重问题给予通报,从源头予以制止,不给问题扩大留下任何余地。

【辅导员信箱】

1. 你玩过"老虎机"之类的赌博游戏吗？
2. 你的亲戚朋友有赌博的吗？最大的数额是多少？
3. 有同学朋友向你借钱赌博的吗？你是怎么处理的？

【案例点击三】

欲望所致

一天，市公安局接到举报：一家企业网站以招募模特为幌子，介绍女子卖淫，并打出"女大学生"的招牌。经过核实，网站上确有"商务公关，特殊服务，在校女大学生，每次1000元……"等字样。民警立即进行布控，予以查处。

经查，这一网站就是由一名曾经的重点大学的学生注册并创建的，主要是以招聘私人助理、公关等名义，甚至专门针对女大学生开出条件：优秀者月收入10000元以上，并可接触上流社会人士，未来有更多发展机会。就这样网罗卖淫小姐，通过QQ联系嫖客，每次从交易中抽取二三百元介绍费。

就是这样的招聘广告，让某高校的大二学生红红动了心，主动与介绍人进行联系……之后得了500元钱的好处费。

红红还将同班同学娜娜拉了进来。她和娜娜曾是班里最好的朋友，娜娜家境比她差，当时拉娜娜进来，纯粹是出于帮忙的想法。那是两人一起上课时，她告诉娜娜网上正在招公关，说白了就是和客人开房间发生关系，一次可以拿五六百元。一开始娜娜有些犹豫，过了几天，她终于没抵住诱惑，照着电话号码拨了过去……

而她们赚来的钱，最多的是去酒吧、买化妆品，没有一个人说用于学习、交学费。被抓的女大学生们不曾意识到,她们将为自己的卖淫行为付出惨痛代价:公安机关根据掌握的犯罪事实,对10名卖淫嫖娼人员处以行政处罚,劳教1人。

【专家评析】

虽然人们的物质和精神文化生活水平在逐渐提高,但是由于地域差异或发展程度不同,社会上出现了明显的贫富差距。而这种差距导致的后果反映在价值观还未定型的大学生身上,最明显的就是她们的虚荣心极度膨胀。虚荣一旦侵入大学生的内心,其危害将不可估量。具有虚荣心理的大学生普遍的信条是"你有我也有,你没有我也要有",在学生寝室这个局部环境里盛行的攀比之风使她们无法抑制虚荣心的膨胀。为了几千块钱的一些首饰、进口化妆品,不惜出卖自己的贞操,彻底摧毁道德底线。而她们却完全沉浸在这种物质上享受、精神上满足的浮华生活中不能自拔。

【防范办法】

1. 要克服盲目攀比心理,横向地去跟他人比较,心里永远都无法平衡,会促使虚荣心越发强烈。一定要比,就跟自己的过去比,看看自己在各方面有没有进步,还可以拿自己的优点与所羡慕的人的缺点比,进而增加自信。

2. 要正确对待舆论。生活在群体之中,总免不了被别人品头论足。有些评论是正确的,那我们就应该认真对待;有些评论未免有失偏颇,那我们就应提高辨别力,不要人云亦云、毫无主见。

3. 要正确评价自己,不仅要看到自己的长处和成绩,也要看到自己的短处和不足,对自己采取实事求是的态度,这样才可避免因过高估计自己而实际上做不到的难堪局面。

4. 要正确对待荣誉,面子"不可没有,也不能强求",如果"打肿脸充胖子",过分追求荣誉、显示自己,就会扭曲自己的人格。最后要把握比较的尺度,要从个人的实力把握好比较的分寸,不与能力相差太大的人比较。

【辅导员信箱】

1. 你有高于自己实际支出能力的消费需求吗?
2. 父母对你的消费是如何指导的?
3. 如果你的消费需求得不到满足的话,你会怎么办?

【案例点击四】

诱惑的"美"

　　小敏是一名正读大二的在校大学生,父亲因病早逝,其母独自抚养其兄妹俩。小敏从小也深知母亲的不易,一直品学兼优。但到了大学后,慢慢地,受社会不良风气的影响,小敏的着装及消费观念也发生了很大的改变,心思便不再放在学习上了。

　　不久后,小敏经同学介绍认识了已踏入社会的男朋友。该男朋友相貌堂堂,虽没有正式工作,但却经常出入高档场所,平时经常买名牌化妆品和包包给小敏,对小敏关怀备至。单纯而又被这些高消费带来的虚荣感诱惑的小敏,至此认定了对方就是自己的Mr.Right,对男友言听计从。

　　一天,男友让小敏陪她去广州一趟,小敏二话不说就收拾东西去了。玩了几天之后,男友告诉小敏,他有事情还要去其他地方一趟,让小敏帮他把自己的一件小行李带回去交给一个叫"李哥"的人。小敏照办了。慢慢地,他们出去的次数越来越多,但每次都是男友临时有事先走,留下小敏一人带一堆东西回来,而且每次都会给"李哥"带一个或大或小的包。小敏虽然心有怀疑,但因每次男友都会以补偿的名义,给小敏几千元的零花钱或者购物卡,物欲得到极大满足的小敏,虽然意识到自己做的不是正大光明的事,但终究没能抵住金钱和虚荣的诱惑,一次次铤而走险,终于在一次运毒过程中,被民警抓获。而她认定终身的男友却将所有的责任都推给她,声称自己不知情。最后,经民警通报案情后,小敏才知道,她的男友同时交往了好几个女大学生,这几个女生无一幸免均被该男子诱骗,为其贩毒!

因贩卖毒品数量巨大,男友和"李哥"他们被判处了死刑,小敏她们也被判处3~7年不等的有期徒刑。

【专家评析】

大学时期正是青年人自尊心明显增强的时期,而且大学里的特殊环境也使人非常看重荣誉、名声、地位。因此,大学生很关注自己的名誉,希望得到他人的好评、重视和推崇。但是,有些大学生自尊心过强,事事都想着他人的夸耀,样样都为了自己的面子,不切实际地追求荣誉、名声、地位,甚至不惜代价地获取自尊心的满足。这样,自尊就转化为了虚荣,诱惑就乘虚而入了。

【防范办法】

毒品常以不可预料的形态入侵大家的生活,青年人需要时时提高警惕,树立正确的人生观,做一个正直健康的人,不盲目追求享受、寻求刺激、赶时髦,明辨是非,绝不尝试,不抱侥幸。首先要提高自己的警惕,保护好自己,对自己所交往的朋友要有所选择,高额的回报后面必然有惨痛的付出,自己要保持清醒头脑。

【辅导员信箱】

1. 你觉得自己对毒品的了解有多少？
2. 你知道贩毒多少克以上就可以量刑吗？

【案例点击五】

回不去的青春

正读大二的丽丽，面貌姣好，加上一米七四的个子，相貌还是很突出的。要说她对自己唯一不满意的地方就是身材略显肥胖。为此，虽尝试过多种减肥产品，无奈总是反弹。

一次，听同学在私底下传，说吸毒可以减肥，也可以让人"很嗨"，丽丽就上了心。一次跟初中同学去KTV玩，在唱歌喝酒后，有人拿出了一些绿色的小颗粒来吃。该同学告诉丽丽，吃了这种东西，会让她忘记所有的烦恼。丽丽问对方是不是可以减肥，一起玩的人告诉她吃了它想胖都胖不了。丽丽抱着试试的态度吃下了一颗摇头丸，不久就蹲在墙角呕吐起来。随后，她开始伴随着音乐疯狂扭动……

一起和丽丽在学校外合租房子的小美，看到丽丽一天天瘦了起来，身型越来越苗条，就羡慕地问她怎么保持的，丽丽说是吸毒。在被多次怂恿下，好奇心作祟的小美也终于抵挡不住诱惑，吃了一颗摇头丸……

在一次民警的突击检查中，已转化成"吸粉"的丽丽和小美被当场抓获，经公安机关调查后得知，为了筹措毒资，丽丽和小美已开始去KTV陪酒……

丽丽的同学最终被抓获并判处死刑，丽丽除了和小美被送去强制戒毒外，还因介绍他人吸毒被判处有期徒刑4年。

【专家评析】

吸毒能够抑制食欲,可让服用者几天不进食,从而让人消瘦。然而,毒品对人的伤害之深,这么做根本不是在减肥,而是在摧残生命。一些吸毒、贩毒、制毒分子来到大学校园及校园周围活动,毒祸已波及大学校园。尤其值得注意的是,在大学生周围有关系密切的吸毒者,他们大多是学生的邻居、同乡、同学,大学生在与之交往中极有可能受到影响和引诱。这些都说明,大学生离毒品已不遥远。

【防范办法】

一日吸毒,终身戒毒。防范毒品,拒绝第一口。首先不要进入治安复杂的场所,要有警觉戒备意识,对能引起兴奋的东西要采取坚决拒绝的态度。自觉接受毒品基本知识和禁毒法律法规教育,了解毒品的危害,懂得"吸毒一口,掉入虎口"的道理;不听信毒品能治病,毒品能解脱烦恼和痛苦,毒品能给人带来快乐等各种花言巧语。进歌舞厅要谨慎,决不吸食摇头丸、K粉等兴奋剂;即使自己在不知情的情况下,被引诱、欺骗吸毒一次,也要珍惜自己的生命,不再吸第二次,更不要吸第三次。

【辅导员信箱】

1. 你们学校有没有组织过禁毒宣传教育?你参加过吗?
2. 你有没有近距离接触过毒品?

专题九

消防安全

高校是学生学习生活的场所,随着目前高校的不断扩招,高校已经成为人员密集之地,但高校学生普遍存在消防安全知识、技能缺乏,自我保护意识以及对消防的重视程度不足等问题。

据统计,高校发生的火灾,70%~80%是在学生宿舍、公共教室、实验室等人员活动较为集中的场所。引发火灾的原因基本上有以下几种:

1. 违规使用大功率电器引发火灾。学生为贪图方便,在寝室中使用大功率电器,如热得快、取暖器、吹风机等。这些大功率电器在使用过程中使电线超负荷,非常容易导致电路短路从而引起火情。

2. 乱丢烟蒂引发火灾。因为乱丢烟蒂而引发的火灾不在少数,一个烟头其表面温度一般在200℃~300℃之间,中心温度可达700℃~800℃之间,一般可燃物(如纸张、棉花、柴草、木材等)的燃点都在130℃~350℃,所以乱丢烟头很有可能引燃杂物从而引发火灾。

3. 实验室内危险化学品引发火灾。一般高校化学实验室内都存放有一定量的易燃易爆化学危险品,如果在实验的过程中使用不慎,或者在日常保管时保管不当,非常容易引发火灾。另外实验过程中使用明火加热,或使用其他电子仪器加热,因操作人员离开实验室从而引发火灾的案例也不在少数。

4. 电器长时间使用引发火灾。一般高校的公共教室、公共自习室的电器均有超负荷使用的情况,物业人员或学生离开教学楼时忘记关闭电器的情况也时有发生。这些问题使公共教室内的电器使用寿命大大降低,再加上未及时排查检修,往往引发电路问题,从而引发火灾。

近年来,高校火灾事故有增无减,为消防安全问题敲响了警钟。加强消防安全知识的宣传,从以往的火灾案例中吸取深刻教训,做好高校消防安全工作,已经成为高校安全最重要的一项课题。

【案例点击一】

实验过程无人看管,电器故障酿成火灾

2015年3月30日7:30左右,某高校的董老师到学院上班,走进自己办公室时发现天花板上正在渗水,他赶紧巡视大楼,发现水是从五楼流下来的,五楼至四楼的过道上存在大量的积水,整幢大楼成了"水帘洞"。董老师急忙寻找原因,最终找到了事发地,水是从514实验室流出的。他立即打开实验室的门,发现实验室内的所有仪器设备已经全部烧毁,火灾将实验室内的PC水管烧破,水正是从水管内流出的。

经过初步的分析,30日凌晨514实验室发生火灾,火灾引起室内水管破裂,水管流出的水正好控制住了火势蔓延。此次火灾过火建筑面积40余平方米,房间内实验设备全部烧毁。火灾事故未造成人员伤亡,但直接造成仪器设备损失为28万元。

随后,火灾调查专家对该实验室进行了勘查,最后根据对火势蔓延的情况以及相关现场的情况判断,实验室西北角的实验柜北侧插座附近是起火点,起火原因为:电气线路故障引发火灾。据了解,事发前一晚,共有六名学生去过该实验室,而其中有三名因实验需要长时间的反应,便将实验仪器在无人看管的情况下进行实验。而起火的实验柜上就有实验仪器在通电的情况下进行实验。

▶【专家评析】

此起火灾事故对高校实验室消防安全工作敲响了警钟,教训深刻,从客观上进一步暴露出高校实验室消防工作的薄弱之处,从主观上也暴露出高校师生消防法治意识和消防素质的缺乏。

该案例中,多数学生表示在做实验时只要实验本身危险性不大,使用烘箱等加热的仪器在无人值班的情况下一般不会出问题,因为加热和烘烤的温度

一般都在40~50摄氏度之间,不会引燃周围的物体,但学生并没有考虑仪器本身发生问题时所产生的危险。实验仪器长时间频繁使用,导致实验仪器本身的寿命大大减少。再加上目前学校的快速发展,实验用房和设施跟不上需求,很多实验室内存在着人满为患、实验空间小、乱拉电线等现象,这些都是导致此次火灾的重要因素。

【防范办法】

学校实验室是师生学习工作的重要场所,一般都存放着精密贵重仪器及少量的易燃易爆化学药品等,一旦发生火灾,后果不堪设想。做好实验室的消防安全工作是学校消防工作的重要内容之一,应注意以下几点:

1. 要有切实可行的规章制度,确保实验室的工作有章可循。

2. 要层层落实责任,学校、学院、实验室负责人、指导老师、学生都要签订消防安全责任书,把责任落实到人。

3. 加大消防安全知识宣传力度,定期开展灭火和紧急疏散演练,增强师生的消防意识以及逃生自救等技能。

【辅导员信箱】

1. 你在实验的过程中,是否存在较长时间离开的情况?你们如何解决实验时间较长,无法持续关注实验的问题?

2. 2015年12月18日上午,清华大学化学系何添楼发生爆炸事故引发火灾,造成一名实验人员死亡。原因为实验所用氢气瓶意外爆炸、起火。请同学们结合实验室火灾案例,思考科研实验过程中容易发生火灾隐患的部位,并在今后的实验过程中加以注意。

【案例点击二】

乱用易燃液体生火,引火烧身酿成惨剧

2016年10月1日,正值国庆期间,某高校一学生组织老乡群里的同学去烧烤。当晚六点左右二十几个学生陆陆续续地从寝室出发,带着烧烤的工具和食材来到学校外的江堤码头上,同学们铺开桌布,拿出食物。有人在岸边对着夕阳拍照,有人打开烧烤架准备生火,欢声笑语中,谁都没有意识到一个意外正在悄悄降临。

晚上八点左右,烧烤炉还没有生起来,因为木炭久点不燃,大家都很着急了。此时,有同学建议何不去学校的商业街附近找找有没有餐馆有固体酒精,将固体酒精放在木炭上,就比较容易点燃。大家觉得这个办法可行,就立刻出发去商业街买固体酒精。

晚上九点,同学们没有买到固体酒精,而是在药店里买了一瓶液体酒精来当助燃剂。他们将液体酒精洒在木炭上点燃,火立即烧起来了,但等到酒精慢慢烧完,火就越来越小,眼看就要熄灭了,此时学生张某一时心急就直接拿着酒精瓶往已经点燃的木炭上浇,火焰顺着酒精倒洒方向蔓延,并发生轻微爆炸,酒精溅洒至张某和其对面同学身上。一瞬间,张某和对面的两个同学王某和江某的衣服便着了起来。张某脱掉外衣,灭火成功,而王某和江某则选择跳进江中灭火。结果王某跳下去的地方水位较浅,被同学拉了上来。而江某跳入的位置江水很深,此时又正值涨潮,江水流动速度较快,同学们还没来得及做出反应,黑暗的江面就淹没了江某的身影。

➡【专家评析】

在野外组织活动,需要生火时,务必要注意用火安全。此例案件中,学生使用液体酒精助燃就是一件极为危险的事情,再加上使用者的操作不慎引发

意外,将两个同学的衣服点燃,慌乱之下没有人意识到该如何正确灭掉衣服上的火焰,导致两个同学选择跳江,其中一人被江水冲走的惨剧。

【防范办法】

我们在野外用火时应该注意以下一些问题:

1. 知晓活动地区用火限制。了解该景区或地区在用火方面的要求,特别在容易引发火灾的季节和地区,尤其要关注关于野外火灾和森林防火的指示张贴、标志等。

2. 在允许生火的地方,应该使用自己的烧烤炉、烧烤架生火,并远离周围的可燃物,不要随地进行生火,避免引燃周围的植物或其他可燃物,引发火灾。

3. 最好选在周围有小溪或者河流的位置选择生火,如有意外突发火情,可就近打水进行灭火。

当我们的头发或衣服被火引燃时我们应该采取以下措施:

1. 切勿奔跑,应就地打滚,将火焰熄灭。

2. 在条件允许的情况下,迅速将衣服脱下或者将衣服撕扯开,将火踩灭。

3. 如就近有水源,可以跳入浅水中灭火,但在不清楚河水深浅的情况下,切勿跳入水中灭火。

4. 如有其他人员在场,一定要保持镇定,不要惊慌,可以随手拿起周围一切可以拍灭火焰的道具,如毯子、扫帚、衣服等,朝着火者身上拍打,从而灭火。

【辅导员信箱】

1. 你在野外生火烧烤时,是否注意过周边的环境是否存在火灾隐患?你认为哪些因素会导致在野外生火时突发火灾?

2.当你伙伴的衣物、头发不慎被火点燃,你是否能保持冷静?你会如何帮助他灭火呢?

【案例点击三】

被子无故起火,罪魁祸首是烟蒂

2015年3月19日,某高校的10号宿舍楼旁的晾衣架上晾晒着不少同学的衣服和被子,中午11点半左右,晾衣架上冒起了一丝黑烟,十分钟左右后黑烟越来越大,住在一楼的一名男生闻到刺鼻的烟味后,立刻出门查看,发现是其中的一条被子被点燃了,该男生立刻从晾衣架上扯下这条被子,并接水将火浇灭了。

经调查发现,烧起来的被子中裹着一个烧焦了的烟头。当时被子虽然被点燃但处于阴燃状态,未产生明火,烟头虽然被烧焦但没有完全烧完,保留了下来。而这个烟头正是该宿舍四楼的一男生丢下的。他在吃完午饭后就爬到上铺躺在床上吸烟,之后随手把烟头丢了下去,但却阴差阳错不慎丢出了窗外,从而引发了此次火警。

【专家评析】

为什么吸烟容易引起火灾?主要原因是点燃后的香烟具有较高的温度。据测试,点燃后的香烟烟头中心温度在700℃左右,一支香烟持续燃烧的时间约为15分钟,时间较长。常见的可燃物的自燃点都很低,如纸张、棉麻及其织物等。因此,未熄火的烟头足以引起固体可燃物和易燃液体、气体着火。在一般情况下,烟头引起的火灾事故要经过一段时间的无火焰阴燃过程。当温度达到物质的燃点时,即可燃烧,最后蔓延成灾。在大风天或高氧环境中,其燃烧速度相当快,而且这种情况多数发生在无人注意或发现的地方,往往发现较晚,一旦发现已经蔓延成灾。

【防范办法】

吸烟原本就有害身体健康,但大学生抽烟的现象依然存在,而个别个人习惯较差的学生随意处理烟蒂,就有可能引发火警甚至火灾。吸烟的同学在吸烟时应该注意以下几点:

1. 不要躺在床上或沙发上吸烟,不慎掉落的火星或烟头都有可能点着被单。

2. 不要一边找东西一边吸烟,烟头可能会碰上可燃物而引发火警。

3. 不可乱丢烟蒂,应该将烟蒂熄灭后再丢到烟灰缸或者垃圾桶的烟蒂专用丢弃口。

4. 严禁用火的地方不要吸烟,比如加油站、油库等地,在此处吸烟可能会造成火灾或爆炸事故。

【辅导员信箱】

1. 如果你在校园里发现了火警,你是否能沉着冷静地向"119"报警?我们在报警时应先讲清楚起火的地点,要讲清什么东西着火,火势怎样。报警人还要讲清自己姓名、工作单位和电话号码,并在路口等候消防车的到来。

2. 你知道学校保卫处的报案电话吗?发现火警后除了打"119",还应该立刻给学校保卫处打电话,学校的保卫人员会立刻赶到现场进行扑救,及时控制住火势。

【案例点击四】

离开时忘关空调,隔夜引发火灾

2018年3月30日早上9:58,某高校保卫处校卫队员在校园内巡逻时,发现教学楼有黑烟冒出,赶到现场后确认黑烟是从教学楼二楼的一间自修教室内冒出的。巡逻队员果断采取措施,在确认该楼宇已经断电的情况下,实施出水灭火,五分钟后,明火被扑灭。

自习室内部分物品被烧毁,整个房间天花板及墙面全都被烟熏黑,大部分电脑显示器外壳被高温熔化,自习室东南角烧得最厉害,台式电脑、课桌、书全部被烧毁,立式空调只剩一个铁框,东南角上面的天花板已被烧出一个洞,附近窗户玻璃被烧爆。经消防专家确认起火点应该是房间东南角立式空调位置。

经调查,该教室发生火灾起因有两点。首先,前一天晚上最后一个学生12点左右离开教室时,忘记关闭空调开关。空调处于整夜运行状态,引发了电路问题产生自燃。其次,该教学楼的物业管理员在火灾发生时,暂离了所在的教学楼,未及时发现火情,致使火势未得到及时控制,从而引发火灾。

【专家评析】

目前高校的公共教室、自习室一般都配备有空调、饮水器等电器设备,但这些公共教室的电器设备长年累月过度使用,再加上教学楼电路老化,检修不及时,大大增加了火灾的隐患。目前公共教室、自习室发生的火灾多数为电器火灾,多数火灾的起因为空调长时间不关,饮水机长时间空烧等。物业以及学生的消防意识淡薄、责任心不强等问题也是导致公共教室、自习室发生火灾的原因之一。

【防范办法】

遭遇电器着火应注意以下几点:

1. 要立即切断电源。如果电气用具或插头仍在着火,切勿用手去碰电器的开关。

2. 无法切断电源时,应用干粉灭火器等专用灭火器灭火,不可使用水或泡沫灭火器灭火。

→【辅导员信箱】

在公共教室或自习室,如果你是最后一个离开的人,你会关闭教室内的空调、电灯等电器吗?如果之前没有这样的习惯,请从现在开始做起。

→【链接小知识】

一、防火的基本措施

防火的基本措施有:

1.控制可燃物。用非燃或不燃材料代替易燃或可燃材料;采取局部通风或全部通风的方法,降低可燃气体、蒸气和粉尘的浓度,把能相互作用发生化学反应的物品分开存放。

2.隔绝助燃物。就是使可燃性气体、液体、固体不与空气、氧气或其他氧化剂等助燃物接触,即使有着火源作用,也因为没有助燃物参与而不致发生燃烧。

3.消除着火源。就是严格控制明火、电火及防止静电、雷击引起火灾。

4.阻止火势蔓延。就是防止火焰或火星等火源窜入有燃烧、爆炸危险的设备、管道或空间,或阻止火焰在设备和管道中蔓延,或者把燃烧限制在一定范围不致向外延烧。

二、防火的基本方法

1.隔离法:将着火的地方或物体与周围的可燃物隔离或移开,燃烧就会因缺少可燃物质而停止。实际应用时,如将可靠近火源的可燃、易燃和助燃的物品搬走,把着火的物体移到安全的地方,关闭可燃气体、液体管道的阀门,减少和终止可燃物质进入燃烧区域等。

2.窒息法:阻止空气流入燃烧区域或用不燃烧的物质冲淡空气,使燃烧物得不到足够的氧气而熄灭。实际应用时,如用石棉毯、湿麻袋、黄沙、灭火器等不燃烧或难燃烧物质覆盖在物体上,封闭起火的船舱、建筑的门窗、孔洞等和设备容器的顶盖,窒息燃烧源。

3.冷却法:将灭火剂直接喷射到燃烧物上,以降低燃烧物的温度。当燃烧物的温度降低到该物的燃点以下,燃烧就停止了。或者将灭火剂喷洒到火源附近的可燃物上,防止辐射热影响而起火。

三、常见灭火器的使用

目前,比较常见的灭火器有干粉式灭火器、泡沫式灭火器和二氧化碳灭火器,各种灭火器有其使用的范围及特点。

1. 干粉式灭火器

干粉式灭火器使用方便、有效期长,一般家庭使用的灭火器都是这一类型。它适用于扑救各种易燃、可燃液体和易燃、可燃气体火灾,以及电器设备火灾。使用前先把灭火器摇动数次,使瓶内干粉松散,然后拔掉铅封,拉出保险销,对准火焰根部压下压把喷射。

2. 泡沫式灭火器

泡沫式灭火器适用于扑救各种油类火灾和木材、纤维、橡胶等固体可燃物火灾。普通泡沫灭火器不可用于扑灭带电设备的火灾,否则将威胁人身安全。但若使用雾化喷嘴或断续喷嘴,则可使水雾间有空气绝缘,可扑救1000伏以下带电火灾。使用时,用手握住灭火机的提环,平稳、快速地提往火场,不要横扛、横拿。灭火时,一手握住提环,另一手握住筒身的底边,将灭火器颠倒过来,喷嘴对准火源,用力摇晃几下,即可灭火。

3. 二氧化碳灭火器

二氧化碳灭火器灭火性能高、毒性低、腐蚀性小、灭火后不留痕迹,使用比较方便。它适用于各种易燃、可燃液体和可燃气体火灾,还可扑救仪器仪表、图书档案和低压电器设备以及600伏以下的电器初起火灾。在使用时,应首先将灭火器提到起火地点,放下灭火器,拔出保险销,一只手握住喇叭筒根部的手柄,另一只手紧握启闭阀的压把。对没有喷射软管的二氧化碳灭火器,应把喇叭筒往上扳70~90度。使用时,不能直接用手抓住喇叭筒外壁或金属连接管,防止手被冻伤。在使用二氧化碳灭火器时,在室外使用的,应选择上风方向喷射,在室内窄小空间使用的,灭火后操作者应迅速离开,以防窒息。

四、火灾逃生技巧

1. 绳索自救法

房间内有绳索的可将绳索一端拴在门、窗框或重物上,沿另一端爬下,并尽量采用手套、毛巾将手保护好。

2. 匍匐前进法

火灾后的烟气中含有大量一氧化碳,吸入后立即与血红蛋白结合成为碳氧血红蛋白。当人体血液中含有10%的碳氧血红蛋白时,就会发生中毒,占50%时就会窒息死亡。火灾发生时,烟气大多都聚集在上部空间,因此在逃生过程中,应尽量将身体贴近地面,匍匐或弯腰前进。

3. 毛巾捂鼻法

火灾烟气具有温度高、毒性大的特点,一旦吸入,很容易引起呼吸系统的烫伤或中毒。因此,疏散时应用湿毛巾捂住口鼻以起到降温和过滤的作用。

4. 棉被护身法

用浸泡过的棉被、毛毯、大衣等盖在身上,确定逃生路线后,用最快的速度钻过火场,并冲到安全区域。

5. 毛毯隔离法

将毛毯等织物钉或者掩到门上,并不断往上浇水冷却,以防止外部火焰及烟气进入,从而达到阻止火势蔓延,增加逃生时间的目的。

6. 被单拧结法

把床单、被罩或窗帘等撕成条状,或扭成麻花状,按绳索逃生的方式,沿外墙爬下。

7. 卫生间避难法

当实在无路可逃时,可利用卫生间进行避难,用毛巾挤塞门缝,把水泼在地上降温,也可躺在放满水的浴缸里躲避。

8. 攀爬避火法

通过攀爬阳台、屋顶的平台、窗台的外沿及建筑物周围的脚手架雨篷等突出物,用木板、竹竿等较坚固的物体搭在相邻的建筑上,以此作为跳板,过渡到相对安全的区域,以躲避火势。

9. 低层跳楼逃生法

火场切勿轻易跳楼,在万不得已的情况下,住在低楼层的可选择跳楼的方法进行逃生。但要选择较低的地面作为落脚点,并将席梦思床垫、沙发垫或厚棉被等抛向落脚点作缓冲物。

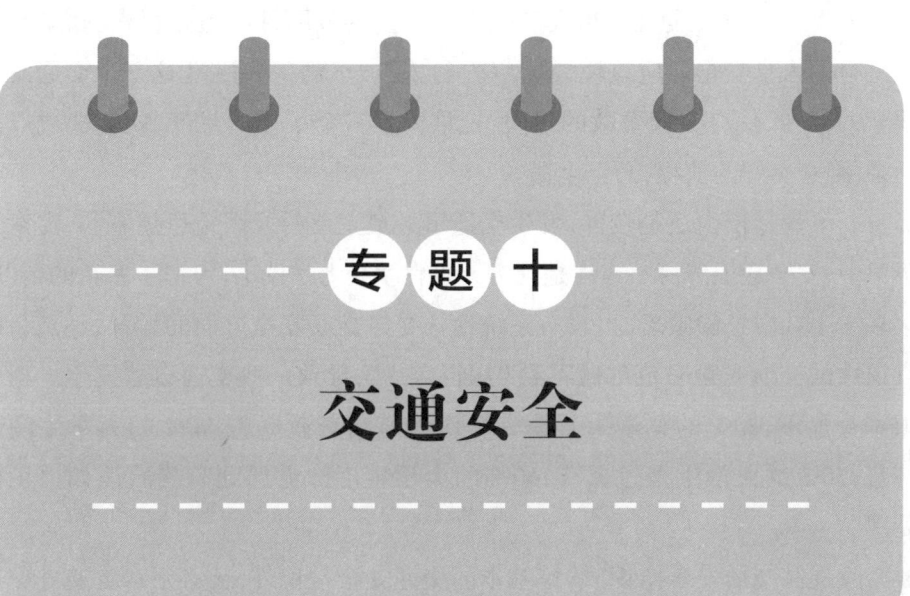

专题十

交通安全

随着经济社会的发展，大学生在出行和交通方面的选择越来越多，再加上周围日益复杂的交通环境，保障出行安全，防范交通风险也显得愈发重要。

大学生交通安全就是指大学生在校园内和校园外的道路行走、乘坐交通工具时的人身安全。应该说，只要有"行人""车辆""道路"这三个交通安全要素的存在，就有交通事故的风险，也许只是一个小小的意外，就会造成严重后果，断送美好的前程，乃至生命。

而不管是校内还是校外，发生交通事故最主要的原因是思想麻痹、注意力不集中、安全意识淡薄。或许是因为一直在学校上学读书，习惯了家长的帮助，很多学生社会经验缺乏，也没有系统地接受过交通安全方面的教育，甚至一些常识性的交通安全防范都做不到"知行合一"，导致一些交通事故发生。据一项调查显示，20%的大学生不能完全认识道路交通标志，90%的大学生闯过红灯，50%的大学生坐过黑车，60%的大学生不知道遇到车祸后该如何正确处理。

除提高交通安全意识、掌握基本的交通安全常识外，还必须自觉遵守交通法规才能保证安全。至少有两点是大家必须掌握并要在日常生活中严格遵守的：一是在道路上行走时，应走人行道，无人行道时靠右边行走。走路时要集中精力，"眼观六路，耳听八方"；不与机动车抢道，不突然横穿马路、翻越护栏，过街走人行横道；不闯红灯，不进入标有"禁止行人通行""危险"等标志的地方。二是乘坐交通工具时，乘坐市内公共交通等车停稳后，依次上车，不挤不抢，车辆行驶中不得把身体伸出窗外；乘坐长途客车、中巴车时不能贪图便宜，乘坐车况不好的车，不要乘坐"黑车""摩的"，因为这些车辆安全没有保障；乘坐火车、轮船、飞机时必须遵守车站、码头和机场的各项安全管理规定。

【案例点击一】

强行超车丢性命

2015年暑假的某天,天气炎热,某高校大三学生郑某正驾驶家里的小轿车行驶在去漂流的路上,车上还坐着他的母亲。郑某一个月前刚刚拿到了驾照,这次是他第三次驾驶自家车子出行,他显得非常兴奋。不巧前面有辆水泥车行驶比较缓慢,他有些心急,连按了几次喇叭,那辆水泥车没有避让也没有加速,仍旧不紧不慢地开着。他低声骂了几句,看着路上还有一些空间貌似能够超车过去,就打开转向灯准备超车。母亲见状,赶忙劝他不要着急,路有些窄,慢慢开欣赏风景也挺好,他不以为意,觉得自己驾驶技术没问题,仍旧加速超车。不料道路确实比较窄,小轿车已经行驶在马路边缘,情况比较危险。此刻他开始有点害怕,不知到底该进还是退,后来把心一横,油门一踩,继续往前开,谁知加速过猛,方向一下子没来得及转回来,车子直接冲进了马路边上的沟里,他本人当场死亡,母亲重伤。

【专家评析】

学生承载着一个家庭,甚至是一个家族的期望,发生意外必将造成一个家庭巨大的精神和经济损失,尤其是心理上的伤痛将伴随家人终身。大学生交通事故频发,大多是因为学生思想麻痹、交通安全意识薄弱而引发的。因此,开车一定要保持一个好心态,不开"斗气车""英雄车",遵守交通法规,服从交警指挥,文明驾驶,礼让行人,不超速、不抢道、不抢行。万一发生交通事故,要沉着冷静。第一,要保护自己,看有无受伤。如果有伤要立即拨打医疗急救电话"120"或拦车、打的到附近医院救治。同一起事故中有多人受伤,自己属于轻的,要帮助别人;自己属于重的,要求助于别人,共同脱离危险。第二,要保护交通事故现场。第三,在校外,要立即拨打交通肇事处理电话"122"向交警部门报告;在校内,小的交通事故可报告学校保卫处调解处理。

【防范办法】

1. 开车时要集中精力,严禁在行驶中接听电话、看微信、发信息和聊天等,行驶至路口或转弯时要减速,确认安全方能通行。

2. 酒后不开车,疲劳不开车。

3. 遇到大型或超长车辆时,不要强行超车,要保持足够的安全距离,在确认安全后方能超车。

4. 遇到大型或超长车辆转弯时,坚决不超车。

5. 车辆发生故障或需要临时停车时,应开启危险警示灯(双闪灯),并按要求在车辆正后方或同一车道设置警告标志牌(设置距离:在常规道路上50~100米;在高速公路上150米以上,能见度低时200米以上)。

【辅导员信箱】

1. 当你乘坐亲朋好友超速驾驶的车辆时,你会怎么办?

2. 当你打电话给亲朋好友,得知其正在开车时,你会怎么办?

【案例点击二】

乱穿马路被撞飞

2016年5月27日晚20:50,某高校大二学生沈某和他的女朋友,也是同班同学,准备去学校旁边的大排档吃夜宵。这个大排档与学校之间隔着一条双向行驶的马路,路边种植着樟树,路中间有灌木丛组成的隔离带。他们在穿越马路的时候,发现路口没有红绿灯,有条人行横道,距离他们100米左右,旁边不远处就有个路灯,但当时路上几乎没什么车辆,他们就准备直接穿过去,没有去走人行道。在顺利地穿过一半路程时,他们看到路上有一辆出租车以较快的速度开过来并且已经比较接近他们,但男生预估了一下穿越马路的时间,也就几秒钟的样子,出租车应该也已经看到他们或许会减速下来,于是,他拉住女友的手,说了声"走"。说时迟那时快,他们刚刚跨出两步,那辆出租车就快速地开到他们跟前,不偏不倚地撞了上去。只听见"扑通扑通"两声,两个人被撞飞在20米外的路上。出租车司机也傻了眼,因为那两个学生正好站在光线暗的地方,他刚从路灯的亮光中穿过,眼睛还没有适应过来,压根没有看见有这两个人。紧急送到医院后,男生被检查出脑颅出血,右腿骨折,身上多处皮肤受伤,女生头皮擦破出血,右腿骨折,身上多处皮肤受伤,幸好捡回了性命。

【专家评析】

走路也要注意安全,听起来像讲笑话。但如果我们不注意交通安全,走路也会闯祸。最常见的有乱穿马路、闯红灯、不走人行横道、过街时中途倒退或折返、翻越中央护栏和绿化隔离带等。这些行为不仅使自身安全存在隐患,还会造成交通混乱,甚至引发交通事故,同时给他人带来负面影响,造成跟风效仿。但其实很多的行人交通事故是可以避免的。因为很多行人在通行过程中存在着就近、图省事的心理,加上交通安全意识淡薄和交通法律知识匮乏,在路上行走时,往往比较随意。而且行人总以弱势群体自居,又加上侥幸心理和从众心理作祟,明知自己行为违反交通法律法规且有可能引发危险,却明知故犯。

【防范办法】

1.行人横过机动车道,要走人行横道、人行过街天桥或地下通道等行人过街设施。有交通信号控制的人行横道,须按信号规定通过;没有交通信号控制的人行道,须注意车辆,在保证安全的前提下通过。

2.当路上交通繁忙、车辆密集且车速较快,以致不能安全通过时,除非该处有人行横道,否则不要横过道路。如果车辆时密时疏,则应把握时机,待车流较疏时再通过,而不能冒险在车流中行行停停或往来穿梭。

3. 夜间步行时,要尽量选择有路灯的地方横过道路。因为在夜间车流少,车速一般较快,同时驾驶人较难看见行人,而行人也难估计车辆的速度。

4. 横过道路途中若遇到有车辆驶近,应按照当时的环境停步;不要突然加速横穿或后退、折返,尽量要让驾驶人知道自己的去向。如果因车辆多而一时在横过道路途中受阻,可利用路中央的分界线作为紧急停留的地方;切忌不看身后而直接后退,因为身后很可能有已经驶近或正在驶近的车辆,导致发生交通事故。

5. 横过有绿化带隔离的机动车和非机动车道,在没有行人过街设施的情况下,要选择没有绿篱笆遮挡、视线开阔、具有安全通行条件的路段穿越,不能从绿化带中突然蹿出,这样极易发生被疾驶而过的汽车撞上的危险。因为有绿篱笆遮挡视线,司机难以准确判断是否有行人横穿;即使有时发现有人横穿,也会由于车速快而来不及采取避让措施。

【辅导员信箱】

1. 你知道眼睛"暗适应"和"明适应"的现象吗?
2. 你了解校园内易发生的交通事故有哪些吗?

【案例点击三】

骑"死飞"坠崖身亡

2016年10月22日,某高校的陈某去找同学李某玩。两个人是高中同学,那天是李某的生日,陈某过来给她庆祝。第二天,两个人结伴去温州的大罗山游玩,李某特地把自己新买的"死飞"自行车借给陈某骑。当从大罗山山顶往山下行驶时,在一个U形拐弯大下坡处,一个不注意,陈某连人带车坠入近7米深的山崖底。事后,陈某被送进医院抢救，但还是因伤重不治。

事发后，温州交警部门委托相关部门对自行车进行鉴定，鉴定结果"不符合自行车技术要求"。因此，陈某父母将李某和某自行车店告上了法庭。

法院最后认定，俗称"死飞"的涉案自行车确认是某自行车店销售，系无前刹（前刹购买后加装）、"后轮采用飞轮倒转制动"的"三无"产品，与普通自行车存在明显区别，不符合国家相关标准及技术要求。法院认为，李某将属于"三无"产品且存在安全隐患的涉案自行车提供给陈某骑行，使得该自行车可能产生的风险转移于陈某，骑行过程中，也未对不了解涉案自行车性能的陈某尽到应有的提醒、嘱咐义务，故应承担相应责任；某自行车店销售不符合国家标准及技术要求的自行车，也是造成陈某骑行该自行车发生事故死亡的原因，也应承担相应赔偿责任；陈某作为一名完全民事行为能力人，应当意识到涉案路段骑行自行车的危险性，但未尽到应有的注意义务，也未对涉案自行车的性能进行充分了解，其自身行为也是致其死亡的原因之一，应承担相应责任。综合各方行为致使陈某发生事故死亡原因力比例，确定李某承担20%责任，自行车店承担50%的责任，陈某本人承担30%责任。据此，根据相关法律规定和赔偿标准，法院一审判决被告李某赔偿19万余元，被告自行车店赔偿47万余元。

【专家评析】

"死飞"自行车，英文名为 fixed gear bicycle，是一种外观比较时尚、重量较轻、向后反蹬来制动的场地竞速车。根据我国《道路交通安全法》第十八条第三款规定，非机动车的外形尺寸、质量、制动器、车铃和夜间反光装置应当符合非机动车安全技术标准。而《GB3565-2005 自行车安全要求》（我国现行自行车国家安全技术标准，以下简称《要求》）中也规定，每辆自行车应装有两个制动系统，一个制动前轮，一个制动后轮，制动系统应操纵灵活，并能满足该《要求》对制动性能的规定。每辆自行车应装有两个制动系统,因此,"死飞"自行车的装置是不符合我国《道路交通安全法》的相关规定的。从该要求来看,在我国固定飞轮不算制动器,所以就算给"死飞"加上一套前刹车也不能满足《要求》中"两个制动系统"的规定。因此"死飞"并不具备上路行驶条件。

【防范办法】

第一,谨慎购买"死飞"车。"死飞"由于没有刹车器,法律规定是不能在公路上骑行的。玩"死飞"只应用于竞技场合,以及专业场地。此外,在骑"死飞"的过程中要精神高度集中,不能开小差。

第二,如果买"死飞"车,一定要先装刹车。"死飞"的传动装置与制动方式都与日常的单车有所不同,在未熟悉"死飞"的制动方式之前,请安装刹车。

第三,无论骑什么样的自行车,要同时购置安全系数高的骑行配件,骑行时戴好头盔、护具,夜间骑行时要安装警示灯。

【辅导员信箱】

1. 你对"安全的人""安全的产品"怎么理解?
2. 你了解骑自行车需要注意哪些安全事项吗?

【案例点击四】

"低头族"横穿马路不慎被车撞

很多大学生都喜欢玩手机,连走路的时候都在看手机。2018年4月8日早上,正是清明节假期结束后的第一天,某高校大三学生章某下了公交车之后,正要穿过一条双向行驶的马路走进校园赶去上课。她看到马路上没有行驶车辆,于是就一边走一边看手机,刷着朋友圈。没想到,正在她过马路的时间,一辆车已经从另一条路上拐了过来。因为那个路口离校门口比较近，再加上车子一拐到这边路上就开始加速，章某只顾低头看手机放缓了步伐，虽然司机看到章某后已经开始踩刹车，但还是从右后侧撞倒了章某。送到医院检查后，所幸颅内没有出血，只是章某身上有多处擦伤，右侧脸上的皮肤被蹭掉了一大块。

【专家评析】

很多学生对于车祸没什么概念，觉得这种事情离自己很遥远，但事实并不是这样。其实边走路边玩手机并不是新鲜事，新闻媒体上也经常有走路玩手机发生各种意外事件的报道，一些人甚至因此丢掉了性命。对行人而言，当低头玩手机时，视线全部集中在手机上，人就没法看路，如果周围有什么危险，很难发觉，很可能导致摔跤，或者撞上固定的物体比如路灯、门或者墙。而且眼睛长时间盯着近处，再向远处看时，需要一个调节的过程，视线可能会突然模糊，或者出现头晕的情况。总之，走路玩手机是一件非常危险的事儿，需要引起我们足够的重视，文明交通需要每一个人的参与。

【防范办法】

1. 珍爱生命，别做蒙眼走路的"低头族"。实在有急事需要用手机，那就停下脚步处理完再走。
2. 在等候红绿灯、公交车时，不要站在机动车道或者非机动车道上等待。即使有人站在机动车道或者非机动车道上等待，自己也绝不要上去跟随。

【辅导员信箱】

1. 你觉得自己能克服走路玩手机的毛病吗？
2. 你会给周围亲戚朋友讲解你知道的安全知识吗？

大学新生安全知识题库

一、单项选择题

1. 接到自称警察、法院的电话,称涉嫌某项违法,需要查你的账户,并让你根据电话指令配合操作____。( )
   A. 立刻转账到对方提供的安全账户　　B. 如实告知账号密码
   C. 挂断电话并报告学校保卫处或报警　D. 按照对方指令执行

2. 小明想要通过中介寻求寒假打工机会,他可以向中介公司____。( )
   A. 交押金　　　　　　　　　　　　　B. 交保证金
   C. 抵押身份证　　　　　　　　　　　D. 必须要求查看营业执照

3. 王强刚学会玩微信,以下做法正确的是? ( )
   A. 兄弟何明发文字过来说出了车祸要借钱,王强打电话给何明核实真假
   B. 看见有链接能通过朋友圈集赞领取折扣优惠,王强二话不说立马分享
   C. 同学给王强发消息索要验证码信息,王强立即答应
   D. 遇到朋友圈的运势测试链接,王强赶紧输入自己的身份证号参与算命

4. 如果遇见自称是师哥师姐或教职工的人员上寝室要求征订学校编写的教辅资料,____。( )
   A. 别人买自己也买　　　　　　　　　B. 依照课本的内容质量再决定买不买
   C. 自己不买推荐别人买　　　　　　　D. 一律拒绝并举报

5. 王先生在网上订购了机票,隔天他突然收到"航空公司客服"发来的短信,称其订购的航班因故取消,如需办理退票或改签请拨打短信中的客服电话。他应该怎么做? ( )
   A. 回拨该短信的电话核实真假　　　　B. 放置一旁,视而不见
   C. 拨打官方订票专线核实情况　　　　D. 依照短信指令执行

6. 王强刚考上大学,开学初,他接到一个电话,自称是政府工作人员,能正确说出他的部分信息。对方表示,其家庭情况符合国家相关政策,现在要给他发放"助学金"5000元。这时王强正确的做法是 ( )
   A. 挂断电话,向相关部门进行核实

B. 按照对方的要求提供自己的联系电话、银行账号、身份证号等信息

C. 根据对方指示到 ATM 机上进行操作领取助学金

D. 按照对方指令登录某网站申领助学金

7. 犯罪嫌疑人以邮局、法院等为名,称有法院传票给被害人,传票理由为信用卡欠费,再将电话转至所谓的"公安局",称被害人信息被盗用,账户涉嫌洗黑钱,最后诱使被害人将钱转入"安全账户"。这属于____。（   ）

    A. "汇钱救急"诈骗   B. "冒充公检法"诈骗

    C. "包裹藏毒"诈骗   D. "引诱汇款"诈骗

8. 某女大学生接到自称是检察院的电话,称其涉嫌洗钱活动,要求接受调查。该生当即否认自己犯罪,对方表示公安机关已经对她进行通缉,并告诉她可在网上查到通缉令。该生按照对方给的网址查询,果然看到了自己被通缉的信息。对此,正确的做法是____。（   ）

    A. 开始筹钱,以防急需   B. 坚信不疑

    C. 接受调查   D. 立即报警

9. 换了新手机,如何解决旧手机上的信息外泄风险？（   ）

    A. 解除 U 盾、网银与旧手机的绑定

    B. 删除旧手机中的联系人和短信记录

    C. 将手机反复格式化

    D. 卸载旧手机上的社交软件

10. 以宗教名义进行的诈骗行为中,为让人们捐"香火钱""功德钱",消灾祈福,骗子一般不会采取____。（   ）

    A. 解签,为你算命,予以忠告   B. 身体强制

    C. 赠送符咒   D. 言语胁迫

11. 面对企业高薪招聘,要求你前去面试,正确的做法是（   ）

    A. 马上前往   B. 不予理会

    C. 带家长一起去   D. 联系、核实,确认可靠后再去

12. 王强收到一条附有链接的陌生短信,他应该____。（   ）

    A. 转发给其他人   B. 点进去看看

    C. 回复短信对此诈骗进行辱骂   D. 不予理睬,直接删除

13. 防范招聘诈骗,最重要的是 ( )

    A. 不交保证金   B. 待遇是否满足自身要求

    C. 招聘信息的真假   D. 不用签合同,流程简单

14. 如果遇到陌生人称自己银行卡丢了,向你借银行卡转账,你是否同意?

                                                                                    ( )

    A. 我们应当帮助有困难的人   B. 直接拒绝

    C. 我是好人,我觉得可以协助他   D. 视情况而定

15. 在淘宝网上购物时,常常会有商家以各种托词要求你重新打开一个新的网络链接,并向你许诺各种优惠的承诺,这时你应该怎么做? ( )

    A. 不打开链接

    B. 和商家协商,进行线下支付

    C. 有购物优惠,打开链接是不错的选择

    D. 装上防木马病毒软件,再谨慎打开链接

16. 学生宿舍如何防范内盗,正确的是____。 ( )

    A. 学校的安保工作非常到位,不会发生盗窃事

    B. 他人物品被盗,和我毫无关系

    C. 要保管好自己贵重物品

    D. 留宿他人

17. 当你收到一条10086发来的短信,内容是:"尊敬的用户,你好。您的手机号码实名制认证不通过,请到XX网上进行实名制认证,否则您的手机号将会在24小时内被停机"。请问这可能是遇到了什么情况? ( )

    A. 伪基站诈骗

    B. 手机号码之前被其他人利用过

    C. 实名制信息与本人信息不符合,没有被审核通过

    D. 手机号码没有实名认证

18. 下列属于利用互联网传销行为的是____。 ( )

    A. 王某将自己开发的网站服务器租借给传销公司使用,从中牟取利益

    B. 王某在百度贴吧上发帖散布传销信息,介绍他人加入传销组织

    C. 王某在网上购买了一盒减肥茶,并予以好评,推荐别人购买

D. 王某为某传销组织设计了一套公司网站管理软件,用于发布传销信息,计算业绩

19. 某同学在公寓里发现一名可疑人员到处敲门找人,最好怎么做? (   )

    A. 事不关己,无须浪费心神顾及那么多

    B. 不要惊动对方,立刻报告学校保卫部门

    C. 把人赶出去再说

    D. 如果问到我,就算认识这个人也说不认识

20. 女大学生晚上外出时,正确的做法是____。 (   )

    A. 尽量与其他同学结伴而行

    B. 长期在人少的地方逗留

    C. 尽可能独自出行,享受一个人的时光

    D. 为了节省时间,走偏僻的小路

21. 防范现金被盗,保管的最好方法是____。 (   )

    A. 存银行　　B. 交给同学保管　C. 随身携带　　D. 在宿舍藏好

22. 发现他人被抢时,正确的做法是____。 (   )

    A. 报警,留意罪犯特征　　　　B. 看热闹

    C. 同偷窃者搏斗　　　　　　D. 视情况而定

23. 如果银行卡丢失,应该____。 (   )

    A. 相信好心人捡到会归还的,静静等待

    B. 重新办卡

    C. 及时挂失　　D. 有密码没问题

24. 在自助银行取款时,不正确的做法是____。 (   )

    A.ATM 机是密闭的,输密码时无须遮挡

    B. 防止事故发生,尽量不单人取大额现金

    C. 发现吞卡及时拨打银行服务热线

    D. 注意环境,防泄密码

25. 以下属于安全使用银行自动柜员机做法的是____。 (   )

    A. 随意丢弃取款凭条

    B. 被吞卡后及时拨打银行服务热线

C. 被吞卡后无奈地走开

D. 办理完业务,忘记取出银行卡,直接转身走人。

26. 在银行自助柜员机取钱时,如果有人拍你肩膀告诉你钱掉地上了,你会怎么做? ( )

  A. 立刻弯腰捡取   B. 继续完成操作,取出卡后再处理

  C. 不予理会   D. 回头看看对方是谁

27. 在校园里东西丢失该怎么办? ( )

  A. 先到保卫处报案登记,如有必要报警

  B. 立刻检查周围人的东西,说不定能找到

  C. 不要了,大不了换新的

  D. 拿旁边其他人的东西作为补偿

28. 图书馆自习室学习,临时外出,应该怎么办? ( )

  A. 钱包、手机等贵重物品必须随身携带

  B. 图书馆很安全,不需要做什么

  C. 对面的同学虽然不认识,但肯定会帮忙看包的

  D. 用电脑占座位

29. 有位陌生的同学在宿舍楼外,说自己校园卡忘带了,让你帮忙刷开楼寓门禁,正确的做法是____。 ( )

  A. 虽然有些怀疑,但还是帮忙了

  B. 经常有同学忘记带校园卡进不来,帮忙开门就是了

  C. 提醒宿管阿姨处理

  D. 不带校园卡活该,不帮忙开门

30. 发现自行车被盗时,正确的处理办法是____。 ( )

  A. 那我也偷别人的自行车作为补偿

  B. 只能认栽

  C. 重新买一辆

  D. 报警备案

31. 保管好自己的信用卡,正确的做法是____。 ( )

  A. 不泄露信用卡相关信息   B. 借给他人使用

C. 开心的时候炫耀

D. 密码写卡背面

32. 关于校园扒窃,错误的认识是____。 ( )

　　A. 校园不存在扒手　　　　B. 贵重物品随手放口袋里容易被扒窃

　　C. 扒手扒窃物品主要为手机　D. 扒手多是社会上的人员

33. 故意损坏建筑物内设置的火灾自动报警系统、防火门、室内消防栓、灭火器、灭火毯、应急照明灯、疏散指示灯等消防器材、设施,____。 ( )

　　A. 只能算是恶作剧　　　　B. 既不是违纪,也不是违法行为

　　C. 是违法行为　　　　　　D. 是违纪行为

34. 使用灭火器进行灭火,应站立____。 ( )

　　A. 离起火点最近的位置　　B. 下风的位置

　　C. 上风的位置　　　　　　D. 离起火点 10m 以外位置

35. 高层楼宇发生火灾时,我们应该通过____逃生。 ( )

　　A. 爬楼顶　　B. 普通的电梯　　C. 疏散楼梯　　D. 跳楼

36. 在大学宿舍里,蚊香要点在____。 ( )

　　A. 空地上　　B. 书架旁　　C. 桌子上　　D. 窗口上

37. 当你被大火困在屋内又无法迅速逃生时,什么位置最安全? ( )

　　A. 储藏室　　　　　　　　B. 有窗户的卫生间

　　C. 客厅里　　　　　　　　D. 卧室里

38. 在公共场所遇到火灾时,要迅速向____逃生。 ( )

　　A. 安全出口的方向　　　　B. 未着火的房间

　　C. 着火点相反的方向　　　D. 人员多的方向

39. 下列____灭火剂,是扑灭精密仪器火灾的最佳选择。 ( )

　　A. 自来水　　B. 泡沫　　C. 干粉　　D. 二氧化碳

40. 当宿舍发生火灾时,正确的逃生方法是 ( )

　　A. 迅速披上浸湿的衣物、被褥等,待在房间里等待救援

　　B. 迅速离开房间,向安全出口方向疏散

　　C. 利用普通的电梯快速逃离事发现场

　　D. 不管楼层高低,立即跳楼

41. 停电时,不应____。( )
    A. 选用有玻璃灯罩的油灯
    B. 使用汽油替代煤油或柴油做燃料照明的灯具
    C. 用应急灯照明
    D. 及时关闭电源开关或拔掉插头

42. 干粉灭火器压力表的指针指在 ____ 色的范围内是可使用的。( )
    A. 绿　　　　B. 红　　　　C. 无所谓　　　　D. 黄

43. 当身上衣物着火时,常用的灭火方法是 _____。( )
    A. 离开火场,灭掉身上的明火　　B. 用手或物品扑灭身上的明火
    C. 请他人灭火　　D. 就地打滚,压灭身上的明火

44. 泡沫灭火器不能用于扑救 _____ 火灾。( )
    A. 金属钠　　B. 煤油　　C. 汽油　　D. 塑料

45. 禁止在有爆炸危险的地方____,使用明火。( )
    A. 吸烟　　B. 逗留　　C. 打电话　　D. 使用电器

46. 燃放礼花时以下哪种行为是不正确的?( )
    A. 在点燃引信后注意观察　　B. 在空旷处支撑牢固
    C. 捂耳靠近点火　　D. 如果遇到礼花熄灭现象,重新点燃

47. 放飞孔明灯是一种很有趣的娱乐方式,大学生____。( )
    A. 不可以任意放飞孔明灯　　B. 在春天可以任意放飞孔明灯
    C. 可以任意放飞孔明灯　　D. 在秋冬季可以任意放飞孔明灯

48. 学校对实验室危险化学废物处理的管理规定及工作原则是____。( )
    A. 分类收集,定点存放,专人管理,集中处理　　B. 作为生活垃圾处理
    C. 自行处理原则　　D. 以上都不对

49. 在做实验时,出现烫伤后不正确的处理办法是 _____。( )
    A. 严重时立即送到医院治疗　　B. 轻度烫伤时可以涂一些清凉油
    C. 将烫伤的小水泡弄破再消毒　　D. 用冷清水清洗

50. 实验大楼因出现火情,浓烟已经窜入实验室内时,以下哪种做法是正确的?
    ( )
    A. 迅速打开实验室门后冲出去

B. 打开窗户跳出去,保持脚尖下倾

C. 用毛巾遮捂口鼻然后固守原地等救援

D. 弯腰低姿前进至实验室门口,先用手摸门测试温度再决定是否开门逃生

51. 实验室仪器设备用电或线路故障着火时,在保障安全的情况下扑救初期火灾时应立即_____,并组织人员灭火。　　　　　　　　　(　　)

    A. 关闭实验室大门　　　　　B. 阻止在场人员疏散

    C. 切断现场电源　　　　　　D. 将贵重仪器设备转移别处

52. 领取及存放化学药品时,以下说法错误的是_____。　　　(　　)

    A. 学习认识化学药品危害表示和图样

    B. 确认容器上表示的中文名称是否为需要的化学药品

    C. 有机溶剂、固体化学药品、酸、碱性化合物等可以存放于同一药品柜中

    D. 化学药品需要分类存放

53. 实验室用过的废洗液应如何处理?　　　　　　　　　　　(　　)

    A. 作为废液交相关部门统一处理

    B. 可直接倒入下水地道

    C. 可以用来冲洗厕所

    D. 随意处置

54. 在实验室气瓶安全使用要点中,以下说法正确的是_____。　(　　)

    A. 关闭瓶阀时,可以用长柄螺纹扳手加紧,以防泄漏

    B. 为避免浪费,每次应尽量将气瓶中的气体用尽

    C. 在平地上较长距离移动气瓶,可以置于地面滚动地向前推

    D. 专瓶专用,不擅自更改气瓶钢印和颜色标记

55. 遇到交通事故,肇事者想逃离,不正确的处置方法是_____。　(　　)

    A. 记住肇事车辆牌号、车型、颜色

    B. 听之任之,等警察来处理

    C. 及时向警方报警

    D. 向周围的群众求助

56. 大学生外出活动时,乘黑车_____。　　　　　　　　　(　　)

    A. 出了车祸,保险公司不予以赔偿

B. 出了车祸,保险公司给予赔偿

C. 听之任之,等警方来处理

D. 价格便宜,没什么害处

57. 从校门口去地铁站有一段路程,最不安全的出行方式是 ____。 ( )

  A. 坐小黑车   B. 乘坐公交车

  C. 骑共享单车   D. 步行前往

58. 小于随导师开展一项国家级科研课题,某日在网上收到一封邮件,信中言称国外一家科研机构,希望发表他们的科研成果,并提出会支付高额报酬。此时小于的做法错误的是 ____。 ( )

  A. 提高警惕心,并及时和导师联系,汇报这一情况,共同分析信息真伪

  B. 义正言辞,直接拒绝

  C. 直接把科研成果给对方发过去

  D. 旁敲侧击,核实邮件来源,套取对方更多信息,及时汇报学校保卫处或国家相关机构

59. 发现网上有邪教宣传内容时,正确的做法是 ____。 ( )

  A. 不听、不看、不信、不传   B. 仔细阅读相关内容

  C. 传播   D. 下载并保存

60. 如果在公交车上遇到抢劫,下列做法中,不正确的是 ____。 ( )

  A. 马上跳车   B. 快速掩蔽

  C. 等待时机下车   D. 及时报警

61. 常见的判别恐怖嫌疑人的方法是 ____。 ( )

  A. 恐怖嫌疑人会以做好事掩饰自己所做的事

  B. 恐怖嫌疑人脸上贴有标志

  C. 穿着非主流者

  D. 着装、携带物品与其身份明显不符,或与季节不协调者

62. 以下属于常规恐怖袭击手段的是 ____。 ( )

  A. 网络的恐怖袭击活动

  B. 核辐射恐怖袭击

  C. 生物恐怖袭击,如在美国"9·11事件"以后发生的炭疽邮件事件

D. 爆炸，如汽车炸弹爆炸、自杀性人体炸弹爆炸等

63. 任何单位和个人都有 ____、配合有关部门开展反恐怖主义工作的任务，发现恐怖活动嫌疑或者恐怖活动嫌疑人员的，应当及时向公安机关或者有关部门报告。（　　）

  A. 隐瞒　　　B. 反抗　　　C. 协助　　　D. 引导

64. 使用网络资源的正确做法是 _____。（　　）

  A. 可下载来路不明的文件，从可信任网站下载的文件无需先杀毒

  B. 不下载来路不明的文件，从可信任网站下载的文件也需先杀毒

  C. 无论是图片、MP3、文本还是软件，任何格式的文件都不可能在其中捆绑木马病毒

  D. 常用的软件、游戏等资源，不一定要选择在官网或正规网站下载，下载后无需杀毒

65. 非法侵入他人计算机信息系统的行为 _____。（　　）

  A. 是计算机高手技术的体现　　　B. 不是违法行为

  C. 是一种违法行为　　　D. 只是道德问题

66. 网络交友时应注意 _____。（　　）

  A. 联系后即可见面　　　B. 应该要如实告知身份

  C. 不暴露身份和个人资料信息　　　D. 交友后就提供帮忙

67. 任何组织或个人都不能利用互联网电子邮件从事传播淫秽色情信息，窃取他人信息或者 _____ 等违法犯罪活动，否则构成犯罪的依法追究刑事责任，尚不构成犯罪的，由公安机关等依照有关法律行政法规的规定进行处罚，电信业务提供者从事上述活动的，由电信管理机构有关行政法规处罚。（　　）

  A. 发送商业广告　　　B. 传播广告内容

  C. 故意散播计算机病毒　　　D. 发送垃圾邮件

68. 某高校的在校学生谭某为了让自己的帖子获得更多的点击率，竟然在网上发布了62篇色情文章，这些文章的点击率高达2万多次。他的行为是 ____。（　　）

  A. 违纪行为　　B. 违法行为　　C. 道德行为　　D. 正常行为

69. 不属于常见的危险密码的是 （　　）

　　A. 跟用户名相同的密码　　　B. 只有4位数的密码

　　C. 使用出生年月日作为密码　　D.10位数的综合性密码

70. 对于人肉搜索,应持有什么样的态度？ （　　）

　　A. 积极转发,传播链接　　　B. 关注进程,以讹传讹

　　C. 主动参与,技术支持　　　D. 不参与,不转发

71. 有人认为大学生可以在网络上自行订购各类化学药品来开展感兴趣的各项
科学活动。以下说法正确的是＿＿。 （　　）

　　A. 只能在网上订购　　　　　B. 只要老师不知道,就可以进行

　　C. 只要注意安全,可以进行　D. 化学药品是控制药品,不可以随便买卖

72. 大学生应＿＿＿＿,解除网络成瘾。 （　　）

　　A. 提高自制力,有意识地控制上网时间,减少对网络的依赖

　　B. 多看影视剧,多进行网络聊天

　　C. 降低好奇心,不与网络接触

　　D. 多睡觉

73. 心理咨询是一个＿＿＿的过程。 （　　）

　　A. 助人助己　　B. 发泄情绪　　C. 聊天　　　D. 观察

74. 如果情绪出现问题,以下处理方式正确的是＿＿。 （　　）

　　A. 宿醉　　　　B. 和朋友聊天,向他们倾诉

　　C. 暴饮暴食　　D. 压抑负性的情绪

75. 大学生涯中,＿＿＿。 （　　）

　　A. 根本不需要担心心理疾病的问题会发生

　　B. 产生的心理疾病不要预防

　　C. 产生心理疾病说明活不长久了

　　D. 有的同学因为不适应产生心理障碍

76. 当遇到突发事件时,当事人正确应对的心理状态应该是＿＿＿。（　　）

　　A. 惊慌失措,毫无头绪　　　B. 消极面世,感觉无力回天

　　C. 保持镇静,头脑清晰　　　D. 发呆

77. 当与同学发生争执,感到愤怒时,我们应当做到＿＿＿。 （　　）

A. 同对方对骂,气势不能输　　B. 忍住自己内心的怒气,任其作为

C. 停下来,冷静地分析与思考　　D. 动手打人以此泄愤

78. 关于心理问题障碍,下列说法正确的是____。　　　　　　　　(　　)

   A. 没有解决办法,只能退学回家

   B. 不要与有心理障碍的人交朋友,他们是累赘

   C. 心理障碍就是人们常说的"精神病",无法治愈

   D. 可以通过心理疏导调适自愈的

79. 下列方法中一般最适合女性的减压方式是_____。　　　　　　(　　)

   A. 运动　　　B. 出国旅游　　C. 和好朋友倾诉　　D. 暴饮暴食

80. 大学生之间发生矛盾时,我们应该_____。　　　　　　　　　(　　)

   A. 只要不是和我有关,他们爱吵就吵吧

   B. 帮助调节,坦诚交流,消除误会

   C. 帮亲不帮理,站在朋友这边,不能让他孤立无援

   D. 不必报告老师,他们觉得没意思了就不会再闹矛盾了

81. 心理咨询的场所应在_____。　　　　　　　　　　　　　　(　　)

   A. 咨询室　　B. 菜市场　　C. 商场　　D. 来访者家中

82. 大型活动现场发生突发事件,需要紧急疏散时应_____。　　　(　　)

   A. 争先恐后逃跑　　　　B. 有秩序地快速撤离现场

   C. 什么事都不做,等待救援　　D. 用手机拍摄视频上传网络

83. 当你看到网上疯狂流传这样的消息:某日某时某分,将发生几级大地震。下列做法中正确的是_____。　　　　　　　　　　　　　　　(　　)

   A. 不信不传,必要时向地震部门报告或询问

   B. 赶紧通知家人和亲戚,让他们做好防震准备

   C. 在网上转发地震即将要来的信息,让更多的人知道并且做好准备

   D. 立即组织同学到开阔地,同时做好备震的物资准备

84. 地铁在隧道运行时停电,乘客应该_____。　　　　　　　　　(　　)

   A. 耐心等待救援人员到来,按照工作人员指定路线有秩序撤离

   B. 在车厢内争吵

   C. 拉门自行离开车厢进入隧道

D. 向工作人员讨要说法

85. 可通过 _____ 缓解中暑症状。 （　　）
   A. 用热水冲洗   B. 喂服冰镇饮料
   C. 用冷毛巾敷脸   D. 用热毛巾敷脖子

86. 避震"自救瞬间"首先选择保护的是 _____。 （　　）
   A. 脊椎   B. 头   C. 胸部   D. 双脚

87. 为防雷击,户外避雨时不仅要远离高压线和变电设备,而且不宜在 _____ 避雨。 （　　）
   A. 学校广播站   B. 大树下   C. 桥下   D. 商店门口

88. 夏天天气炎热,刚刚打完篮球的王强大汗淋漓回到寝室,他应____。 （　　）
   A. 将空调开到最大吹风
   B. 喝冰镇饮料降温
   C. 先擦干汗水,稍事休息后再用温水洗澡
   D. 用冷水冲洗降温

89. 在高层学生宿舍居住时遇到地震,以下哪个避震方法不可取? （　　）
   A. 迅速逃离电梯   B. 不躲在床和桌子下面
   C. 迅速躲到跨度小的建筑空间   D. 立即躲藏在阳台上

90. 当我们在坠落的电梯中时,要保持冷静,做好防护措施,下面方法正确的是____。 （　　）
   A. 手抱头,背部紧靠电梯内部坐下
   B. 双手抱头,就地躺下
   C. 背部紧贴电梯内壁,膝盖弯曲,脚尖踮起,吸气
   D. 双手抱住头部,在电梯中央蹲下

91. 体育课上遇到同学受伤,血流不止,你应该怎么办? （　　）
   A. 言语安慰受伤的同学
   B. 先帮同学止血,同时托人向老师报告
   C. 自己去找老师报告
   D. 直接背去学校医院

92. 以下方法中,抢救溺水者不正确的做法是_____。（ ）
    A. 膝顶法   B. 倒立法   C. 肩顶法   D. 抱腹法

93. 当有人遇到触电后,下面哪种应急措施是正确的？（ ）
    A. 就地使用铁器或潮湿的棍棒拨开触电者身上的电线或电器用具
    B. 用手拉触电者的身体
    C. 站在潮湿的木板上用两只手拉触电者的干燥衣服
    D. 赶快拉掉电源开关或拔掉电源插头

94. 近年来,大学生因大量饮酒、过度劳累、大量抽烟、生活不规律等诱因,导致____的情况时有发生,已成为非正常死亡的一个主要原因。（ ）
    A. 猝死   B. 缢死   C. 淹死   D. 烧死

95. 以下属于正确处理非法的宣传品、报刊、信函的方法是____。（ ）
    A. 将其销毁   B. 传给同学看   C. 自己留下   D. 上交学校保卫处

96. 在遇到求助却不能辨认对方情况真假时,以下不正确的做法是____。（ ）
    A. 建议去民政局救助站求助   B. 婉言拒绝
    C. 向老师和同学征求意见   D. 二话不说直接给钱

97. 在外就餐应注意就餐环境卫生、餐具清洁度；不吃包装盒超过____小时的盒饭。（ ）
    A.4   B.1   C.2   D.3

98. 王强报名参加了校级运动会,在比赛过程中突然感到身体不适,他应该____。（ ）
    A. 先不要剧烈运动,及时找校医查看
    B. 忍忍就过去了
    C. 退出比赛直接回宿舍休息
    D. 为了班级荣誉要坚持下去

99. 如有陌生人赠送饮品或食物,应如何处理？（ ）
    A. 兴高采烈地接受   B. 暂时收下
    C. 婉言谢绝   D. 看看包装是否完好

100. 非专业急救者遇到呼吸停止的无意识患者时应____。（ ）

A. 先开始生命体征评估,再进行心肺复苏

B. 马上寻找自动除颤仪

C. 先进行 2 次人工呼吸后立即开始胸外按压

D. 呼叫急救医疗服务体系

101. 对于溺水所致呼吸心跳骤停者,应该____。　　　　　　　　(　　)

  A. 报警并呼叫救护车　　　　B. 立即倒水注射兴奋剂

  C. 注射兴奋剂　　　　　　　D. 人工呼吸和胸外心脏按压

102. 在朋友的生日聚会活动现场发生紧急突发事件,需要紧急疏散时应____。
(　　)

  A. 争先恐后争着跑　　　　　B. 有序快速撤离现场

  C. 散布谣言,夸张说法　　　D. 围观看热闹

103. 以下自救方法,适用于被困电梯的是____。　　　　　　　　(　　)

  A. 电话或高声呼喊求救

  B. 什么也不做,等别人发现

  C. 从电梯顶部脱险或者强行扒门

  D. 用力拍门求救

104. 如果有人触电,应立即____。　　　　　　　　　　　　　　(　　)

  A. 呼叫救护车　　　　　　　B. 胸外心脏按压

  C. 切断电源　　　　　　　　D. 人工呼吸

105. 艾滋病主要攻击人体的哪个系统?　　　　　　　　　　　　　(　　)

  A. 免疫系统　　B. 消化系统　　C. 呼吸系统　　D. 骨骼系统

106. 目前在我国最主要的艾滋病传播途径是____。　　　　　　　(　　)

  A. 静脉注射　　B. 性传播　　　C. 母婴传播　　D. 唾液传播

107. 艾滋病的潜伏期为____。　　　　　　　　　　　　　　　　(　　)

  A. 7—10 年　　B. 5—7 年　　C. 2—5 年　　D. 1—2 年

108. 身边有朋友酒精中毒或醉酒,应如何处理?　　　　　　　　　(　　)

  A. 催吐并送医院　　　　　　B. 让他在房间里休息

  C. 冰块降温　　　　　　　　D. 喝大量冷水

109. 心脏猝死病人如能在____分钟内及时实施初步的抢救措施,在____分钟

内由专业人士进行心脏救生,能明显提高其救愈率。 ( )

  A. 6、12 B. 5、8 C. 4、10 D. 3、6

110. 如果遇到欺凌者正对其他学生进行施暴的情景,我们应该____。( )

  A. 立即报告老师或者报警

  B. 此事和我无关,我反正不是受害者

  C. 我最见不得欺负人的事,撸起袖子,立即上前阻止

  D. 很开心地加入欺凌者的行列对其进行施暴

111. 从触电____开始救助被救治者,90%有良好效果。 ( )

  A. 3.5 分钟 B. 3 分钟以内 C. 2 分钟 D. 1 分钟以内

112. 如果在游泳时发生肌肉抽筋,以下列举的采取自救的办法中不恰当的是____。 ( )

  A. 将手上举   B. 头后仰

  C. 尽量使口鼻露出水面 D. 不使劲挣扎

113. 因对某同学不满,故意在网上公布该同学个人信息,并散布"恋爱"经历,其行为是____。 ( )

  A. 言论自由   B. 诽谤犯罪

  C. 侵犯个人隐私   D. 不用负任何责任

二、多项选择题

1. "这是××银行,您的银行卡被盗用,为保证资金安全,请您把钱转到××账号……",大学生收到此类短信应采取的态度是____。 ( )

  A. 按照指示去做 B. 不予理睬

  C. 回拨电话确认真假 D. 报警

2. 如果你手机接到了显示如下号码的电话,哪些可能是诈骗电话? ( )

  A. 025-110 B. 110 C. 025-95588 D. 025-95595

3. 网上结识的心仪的帅哥、美女遇到各种困难,网上聊天向你借钱,你应该____。 ( )

  A. 保持冷静   B. 按照对方要求,热情帮助

  C. 怀疑是骗子   D. 果断拉黑

4. QQ、飞信、微信等即时通信平台,好友、亲戚发起视频聊天,但对方称话筒坏

了,通过文字聊天要求借钱,正确的做法是____。 (   )

　　A. 优先怀疑对方被盗号了

　　B. 按照要求给钱

　　C. 怀疑视频资料被犯罪分子截取了

　　D. 通过手机预留号码电话联系

5. 预防电信诈骗,需牢记____。 (   )

　　A. 杜绝"贪"的心理　　　　B. 涉及钱财的交易要谨慎

　　C. 掌握网络防骗常识　　　D. 多想、多问、多了解

6. 大学新生防诈骗应该注意哪些事项? (   )

　　A. 杜绝一切上门推销

　　B. 将辅导员、班导师或学校应急电话及时告诉家长备存备用

　　C. 注意防范电信诈骗,任何需要交钱的事都需要三思而后行

　　D. 上宿舍提供的任何兼职机会均可能是诈骗陷阱

7. 下列哪些是正确的防诈骗技巧? (   )

　　A. 对方来电号码归属地查询

　　B. "关键词 + 诈骗"百度信息查询,只要有记录显示涉嫌诈骗就可判断为诈骗

　　C. 只要牵涉到交钱,三思而后行

　　D. 没有所谓的安全账户

8. 电话诈骗中,诈骗者往往冒充的身份有哪些? (   )

　　A. 公安、检察院、法院的　　B. 邮局的

　　C. 手机运营商的　　　　　　D. 创业公司的

9. 大学生选择兼职,如何防止受骗? (   )

　　A. 尽量通过组织到人才市场、供需见面会双向选择

　　B. 不要轻信,要多了解对方

　　C. 承诺高薪工资的中介找工作

　　D. 一旦遇到麻烦,立即向学校学生管理部门、保卫部或公安机关反映

10. 某学生接到信息,对方能准确报出他的姓名、身份证号以及银行卡等信息,告知他银行卡密码出现漏洞,请重新设置密码,正确的做法是____。(   )

A. 向银行确认　　　　　　B. 立即重新设置密码

C. 不予理会　　　　　　　D. 报警

11. 诈骗犯如电话打到家里,并播放家人的声音录音,表示家人被绑架。遇到这种情况,正确的做法是 ____。　　　　　　　　　　　　　　(　　)

A. 立刻把钱汇入对方告知的账号

B. 立即报警

C. 不要轻易把钱汇入对方告知的账号

D. 不要与民警联系

12. 张同学接到一个来自"电信局"的电话,称她的身份证被人冒用欠下 6000 元电话费,接着帮其免费接通"公安局"的电话报警,接通后"民警"要求其把银行卡内的存款转入"安全账户"。张同学到柜台机把卡内的 1.5 万元钱转过去后才发现自己被骗了。对于此类电信诈骗,以下说法正确的是 ____。　　　　　　　　　　　　　　　　　　　　　　　　(　　)

A. 如果电话欠费,电信部门会发送欠款催款单,而且通常是月底或月初由电脑语音提示,并非人工直接拨打电话

B. 若电话欠费应当到电信营业厅缴费或登录电信官网办理,不要直接到 ATM 机上操作

C. 公安机关根本没有"安全账户"或"指定账户"

D. "电话欠费"是典型诈骗犯罪的主要类型之一,且受骗人员以中老年人居多,应注意识别防范

13. 高校常见诈骗类型有 ____。　　　　　　　　　　　　　　(　　)

A. 上门推销诈骗　　　　　B. 网络兼职(刷信誉)

C. 电话诈骗　　　　　　　D. 钓鱼网站诈骗

14. 许久不曾联系的好友突然联系你,邀请你去某地游玩或去从事某项赚钱的买卖,正确的做法是 ____。　　　　　　　　　　　　　　　(　　)

A. 欣喜,果断地去　　　　B. 保持冷静

C. 怀疑可能存在的某种陷阱　D. 多方核实信息

15. 防范通信诈骗要做到 ____。　　　　　　　　　　　　　　(　　)

A. 不轻信来历不明的电话和短信　　　　B. 保持冷静

C. 不向陌生人转账、汇款　　　　　　　　D. 不登录陌生网站

16. 你在 ATM 机上取钱时发现出钞口堵塞了，上面贴有一张告示，称"柜员机故障，请联系维修人员，电话号码 ×××"，正确的做法是____。（　　）

　　A. 打 110 报警，现场等警察处理

　　B. 拨打 ATM 机旁张贴的"维修人员"手机号码

　　C. 拨打银行官方电话求助

　　D. 向路人求助

17. 你在宿舍休息，突然来了一个陌生电话，对方声音严肃，没表明身份，你一紧张猜测对方是你毕业设计导师，对方立即承认。对方让你明天中午到办公室找他。事后，你的想法正确的是____。（　　）

　　A. 这是新兴的诈骗方式，我要及时按原有联系方式和导师联系确认

　　B. 第二天这个人会以各种方式让你转账

　　C. 导师换号码了，把这个号码存下来方便以后联系

　　D. 他又没问我要钱什么的，所以这通电话很正常，没什么问题

18. 警方根据多年打击防范电话诈骗的工作经验，总结提炼出"三个凡是"的防诈骗口诀。"三个凡是"的内容是____。（　　）

　　A. 凡是自称行政、司法部门来电要求转钱、汇款的都是诈骗

　　B. 凡是未经认证的网站发布购物、购票信息的都是诈骗

　　C. 凡是陌生人的电话都是诈骗

　　D. 凡是通过电话、网络等方式要求转账、汇款至陌生人账户的都是诈骗

19. 如何避免网购风险？（　　）

　　A. 到网上有经营许可证和红盾标志的网站购物

　　B. 收到货物验收无误，再确认收货

　　C. 减少网购的次数

　　D. 风险大，不能网购

20. 小张刚在网上购买了一双球鞋，支付完毕后突然收到"淘宝客服"短信，称其没有支付成功，需要重新操作。这时小张该怎么做？（　　）

　　A. 进入自己的淘宝、支付宝账户查看订单状态

　　B. 按照短信提示进入相关链接进行操作

C. 自己联系卖家或淘宝客服进行核实

D. 和短信上提供的"淘宝客服"电话联系,询问详情

21. 对于冒充QQ好友、微信好友并有视频的诈骗,正确的做法是 ____。
( )

    A. 警惕视频复制

    B. 让对方做个表情变化或动作以求证

    C. 聊一些私密内容以核实对方身份

    D. 电话联系对方

22. 接到一个警察的电话,并能报出你的名字和身份证号码。该警察称你的银行卡涉嫌洗钱,正被通缉,如果要排除嫌疑,需把卡内的资金转到一个安全账户,待排除嫌疑后,再将资金打回。你应该怎么处理? ( )

    A. 拒绝　　　B. 按要求转钱　　C. 核实后再决定　　D. 报警

23. 朋友邀请你加入淘宝刷单组织,你应该 ____。 ( )

    A. 了解后再说　　　　　　B. 拒绝加入,并说明危害性

    C. 提醒身边朋友要小心谨慎　　D. 不加入,但帮他宣传

24. 常见的诈骗银行卡手段有 ____。 ( )

    A. 窃取卡号密码　　　　B. 假吞卡

    C. 假的插卡装置　　　　D. 复制银行卡

25. 犯罪分子诈骗学生的手段主要有 ____。 ( )

    A. 投其所好,并说明诈骗的危害性

    B. 伪装身份,直接骗钱

    C. 制造纠纷,勒索钱财

    D. 骗取信任,掩盖真相

26. 当你网上购物收取包裹时,正确的做法是 ____。 ( )

    A. 不验货或直接签收

    B. 先查看货物,验货后再付款

    C. 发现包裹异常拒签快递单,并马上与卖家联系求证

    D. 叫家人代签,不查验

27. 你的银行账户信息,不能向他人透露的是 ____。 ( )

A. 信用卡背面三位数的验证码(又称"后三码")

B. 银行卡取款密码与登录密码

C. 银行卡网银登录密码

D. 银行卡、第三方支付工具绑定、预留手机收到的各类验证码

28. 当智能手机丢失时,该怎么办?　　　　　　　　　　　　(　　)

A. 致电运营商挂失手机号,补办手机卡

B. 致电银行冻结手机网银

C. 解除手机支付宝账号

D. 修改 APP 绑定并保存的密码

29. 手机停用时,该怎么办?　　　　　　　　　　　　　　　(　　)

A. 备份电话本

B. 手机号码不需要注销

C. 更改银行绑定

D. 更改 QQ 号、微信、淘宝、支付宝等应用绑定

30. 网上招聘"刷信誉",只要拍下淘宝卖家的货物,然后给好评,卖家不仅会将钱退还,还会支付一笔大额报酬。看到这样的招聘信息错误的做法是 ____。　　　　　　　　　　　　　　　　　　　　　　　(　　)

A. 这种赚钱方式真轻松,赶快去应聘

B. 主动忽略,天上哪会掉馅饼,保险起见

C. 向招聘者提出疑问,万一拍下货品后卖家不退钱怎么办

D. 向周边朋友咨询,这种赚钱方法是否可靠

31. 非法校园贷特点有哪些?　　　　　　　　　　　　　　　(　　)

A. 催债公司威胁恐吓涉嫌侵权

B. 真实情况其实是高额违约金的高利贷

C. 以手续简单为诱饵实施骗贷

D. 只说低息贷款单不明示风险

32. 目前校园贷的主要形式有 ____。　　　　　　　　　　　(　　)

A. 以名校贷、拍拍贷等为代表的 P2P 网贷平台

B. 以阿里、京东等电商网站衍生金融业务蚂蚁花呗、京东白条为代表的传

统电商平台提供的信贷服务

C. 以分期乐和趣分期等为代表的校园分期购物平台

D. 以工银 e 校园 APP、招行 Young 为代表的针对在校大学生的校园金融服务

33. 2016 年以来,出现了多起因非法校园网贷、电信诈骗等导致大学生自杀或猝死的现象,引起社会极大关注,一定程度上反映了大学生在遭遇挫折后的心理承压能力,那么当大学生遭受挫折陷入困境时,应如何正确调整心态,勇敢面对?   （   ）

   A. 客观分析挫折原因,不自怨自艾,积极寻找解决办法

   B. 正确认识挫折,坦然面对,并树立起战胜挫折的信心

   C. 合理运用心理防卫机制,及时并适度地宣泄,缓解心理压力

   D. 维护尊严,压抑不愉快的经历和体验到潜意识中

34. 有新闻报道某高校大学生因在网上贷款,欠下巨额债务无力偿还,跳楼自杀。校园网络贷款所谓的"便利性"和"低门槛"存在哪些风险?（   ）

   A. 申请迅速、手续简单　　　B. 陷入"连环贷"的困境

   C. 高利率、高违约金　　　　D. 超前消费、过度消费

35. 利用"微商"开展网络传销的特点是 ____。   （   ）

   A. 有意避开法律约束,利用熟人、朋友圈进行传销

   B. 利用互联网,蔓延速度快,涉及地域广

   C. 宣传的形式九句真话,一句假话,隐蔽性强,欺骗性强

   D. 涉及人员多,对社会的影响大

36. 发现传销活动应当尽快举报,举报的内容主要是 ____。   （   ）

   A. 活动的时间地点人物　　　B. 传销的头目、骨干

   C. 从事传销活动的组织名称　D. 参与传销的人员和相关资料

37. 微商传销与普通传销相比具有哪些特点?   （   ）

   A. 迷惑性更强　　　　　　　B. 单个用户受骗金额小

   C. 受骗人数总体数量巨大　　D. 成本高

38. 下列属于传销行为的是 ____。   （   ）

   A. 通过发展人员,要求被发展人员发展其他人员加入,对发展的人员以其直接或者间接滚动发展的人员数量为依据和给付报酬,谋取非法利益

B. 通过发展人员,要求被发展成员缴纳费用或者以认购商品等方式变相缴纳费用,取得加入或者发展其他人员加入的资格,谋取非法利益

C. 通过向顾客推销产品而谋取利益

D. 通过发展成员,要求被发展成员发展其他成员加入,形成上下线关系,并以下线的销售业绩为依据计算和给付上线报酬,谋取非法利益

39. 直销的特征为____。 (　　)

　　A. 不需营业执照

　　B. 直销是销售有形商品的方式

　　C. 任何企业都可从事

　　D. 直销是一种"无固定地点销售"的营销方式

40. 宿舍防盗应注意____。 (　　)

　　A. 关好窗,锁好门

　　B. 不留宿外人

　　C. 对形迹可疑的陌生人应主动询问

　　D. 保管好钥匙,不要随便外借

41. 什么时候容易发生盗窃? (　　)

　　A. 刚入学时　　B. 假期离校前　　C. 紧闭门窗睡觉　　D. 军训期间

42. 应对陌生人求助时,要做到____。 (　　)

　　A. 不轻信　　B. 不盲从　　C. 谨慎判别　　D. 快速地相助

43. 怎样防止购赃物? (　　)

　　A. 如属转卖物品要弄清楚转卖人或介绍人的身份

　　B. 要调查清楚物品的来历

　　C. 自行车一类交通工具,要看有无车牌号、执照,证号是否相符

　　D. 如需购买旧自行车,应到路边自行车维修点购买

44. 为避免抢劫案件发生,我们应注意____。 (　　)

　　A. 不要炫耀随身贵重物品　　B. 夜晚不独自外出

　　C. 不走偏僻阴暗的地方　　D. 不滞留校外

45. 学生宿舍防盗注意事项有哪些? (　　)

　　A. 外出时随手锁门关窗,特别注意锁闭阳台门

B. 贵重物品用完即入柜上锁

C. 寝室钥匙妥善保管,门窗有损坏及时报修

D. 寝室出现陌生面孔主动盘问

46. 校园盗窃案的作案地点主要集中在以下哪些区域?　　　(　　)

　　A. 学生公寓　　B. 自习教室　　C. 图书馆　　D. 浴室

47. 扒窃案常见案发地点有哪些?　　　　　　　　　　　(　　)

　　A. 地铁、公交车　　　　　　B. 广场

　　C. 商铺　　　　　　　　　　D. 餐厅

48. 偶遇盗贼怎么办?　　　　　　　　　　　　　　　　(　　)

　　A. 提高警惕,头脑冷静,急而不乱

　　B. 抓获窃贼后,应将其强制控制,并通知或扭送至公安保卫部门

　　C. 随机应变,注意安全。援兵未到时,应保持距离,将其置于视线之内;与其周旋,要防止其行凶杀人

　　D. 万一无法抓住盗贼,应记住窃贼特征,如年龄、性别、身高、体态、相貌、衣着、口音,以及窃贼其他比较明显的特征,以便向公安机关提供破案线索

49. 发生电器线路火灾的主要原因有哪些?　　　　　　　(　　)

　　A. 漏电　　　B. 短路　　　C. 超负荷　　　D. 电阻过大

50. 遭遇火险正确的脱险方法有 ____ 。　　　　　　　　(　　)

　　A. 如果楼层较低,可用床单、衣服等自制简易救生绳从楼上小心滑下

　　B. 披上浸湿的衣物,向安全出口方向逃生

　　C. 身上着火,可就地打滚或用厚重的衣物压灭火苗

　　D. 用湿毛巾掩住口鼻,从安全通道低姿前进

51. 高层建筑发生火灾时,人员可通过 ____ 逃生。　　　(　　)

　　A. 普通电梯　　　　　　　B. 疏散楼梯口

　　C. 逃往避难层、避难间　　D. 消防连廊逃向另一单元

52. 夜晚独行时应注意哪些安全事项?　　　　　　　　　(　　)

　　A. 保持警惕心,不走偏僻、黑暗的小路

　　B. 将手机拿在手上,准备拨好号码,遇紧急情况,马上可以打通

　　C. 不搭乘陌生人车辆

D. 告诉朋友大约什么时候出发,什么时候回去,走哪条路

53. 以下伤员应暂缓运送的是 ____。　　　　　　　　　　　(　)
    A. 脑外伤,可能出现脑疝者　　B. 现场救护后伤情基本稳定者
    C. 颈部伤有呼吸障碍者　　　　D. 内脏外露,未妥善处理者

54. 乘车时以下做法,正确的是 ____。　　　　　　　　　　　(　)
    A 不搭乘三轮车等农用车　　B. 不与司机闲聊或妨碍司机驾驶
    C. 下车后直接穿过街道　　　D. 在车站或指定地点候车

55. 若在实验时不慎烧伤,应采取哪些措施?　　　　　　　　　(　)
    A. 立即脱去正在燃烧的衣服
    B. 烧(烫)伤部位紧急用冷水浸泡或冲洗 30 分钟
    C 先涂抹药膏,再去就医
    D. 若被化学品烧伤,先清除残留化学品,再用流动冷水冲洗 30 分钟

56. 宿舍内严禁存放易燃易爆物品,以下哪些属于易燃易爆物品?　(　)
    A. 大量的打火机　　　　　B. 烟花爆竹
    C. 甲烷　　　　　　　　　D. 酒精、汽油

57. 以下关于急性中毒现场抢救的说法正确的是 ____。　　　　(　)
    A. 切断毒源和脱离中毒现场,迅速将中毒者移至通风好,空气新鲜处
    B. 保暖,避免活动和紧张
    C. 体表或刺激性、腐蚀性化学物污染时,应立即脱去衣服,用大量清水反复冲洗
    D. 解开衣领,使呼吸道通畅;用简易方法给氧

58. 使用灭火器时,以下哪几点不对?　　　　　　　　　　　(　)
    A. 站在上风方向灭火　　　B. 站在下风口灭火
    C. 对准燃烧点根部喷射　　D. 对准燃烧点上部喷射

59. 现在的大学生对网络运用自如,且有便利的上网条件,学习、求职都离不开网络,个别学生若自制力不强就容易陷入网络虚拟世界而无法自拔,形成网瘾。那么,网络成瘾对大学生的危害主要表现在哪里?　(　)
    A. 损害身体健康,影响正常学业
    B. 人际关系恶化,与人沟通的机会减少,引发不合群、自闭倾向

C. 影响心理健康,网络不良信息误导大学生价值观、人生观,导致偏激、情绪低落等问题

D. 影响社会和家庭和睦,个别大学生为了上网不择手段,轻则撒谎,重则偷盗

60. 助长校园欺凌的原因有哪些? ( )

　　A. 被欺凌者忍气吞声　　　　B. 被欺凌者学习成绩不好

　　C. 安全教育难以引起重视　　D. 家庭教育缺少引导

61. 个人信息,是指以电子或者其他方式记录的能够单独或者与其他信息结合识别自然人个人身份的各种信息,包括自然人的____。 ( )

　　A. 姓名、出生日期

　　B. 身份证件号码

　　C. 指纹、脸像、虹膜等个人生物识别信息

　　D. 个人住址、电话号码

62. 在校大学生抵制和拒绝参与赌博,下列做法正确的是____。 ( )

　　A. 要自觉遵守学校校纪校规

　　B. 要认清赌博的危害,培养高尚的情操,要多参与健康积极的文体活动

　　C. 要分清娱乐和赌博的界限

　　D. 不要因顾忌同学情面而参与赌博

63. 校园欺凌的主要形式有哪些? ( )

　　A. 语言欺凌,用侮辱性语言嘲笑、羞辱,甚至用威胁恐吓的言辞

　　B. 身体欺凌,推、踢、殴打以及抢夺财物

　　C. 网络欺凌,通过网络手段在微信、QQ或微博上传播谣言或是恐吓性话语

　　D. 关系欺凌,以沉默、回避交流的方式刻意排挤和孤立他人

64. 扑救可燃气体火灾时,用____灭火。 ( )

　　A. 干粉灭火器　　　　　B. 泡沫灭火器

　　C. 灭火毯　　　　　　　D. 自来水

65. 消费者在购买、使用商品和接受服务时享有____不受损害的权力。( )

　　A. 人身　　B. 财产安全　　C. 名誉　　D. 生命健康

66. 使用止血带应注意____。 ( )

　　A. 扎止血带时间越短越好

B. 避免勒伤皮肤

C. 缚扎部位原则上尽量靠近伤口以减少缺血范围

D. 缚扎止血带要很紧

67. 以下哪些属于火灾逃生的重点？ ( )

　　A. 逃生过程中要防烟熏

　　B. 火灾发生时,要立刻迅速逃离火场

　　C. 立刻按照安全指示灯出口指引,寻找逃生出口

　　D. 撤离困难时,等待救援

68. 遇到培训机构要求填写调查问卷时,正确的认识是 ____。 ( )

　　A. 可能是在收集我的相关信息,需要谨慎填写

　　B. 问卷里涉及家庭成员信息或学生信息的内容不填

　　C. 调查问卷里有自己的姓名、身份证号码等问题,如实填写

　　D. 调查问卷里不应该出现个人及家庭联络信息的问题

69. 户外活动时突发暴雨,应该 ____。 ( )

　　A. 找合适的地方避雨　　　　B. 不贸然涉水前行

　　C. 留意周围电线　　　　　　D. 告诉亲朋自己的位置

70. 国外研究显示,海边约 90% 的溺水是因为离岸流,那么在海水浴场游泳时应该怎样防范离岸流的危险？ ( )

　　A. 在下水之前,注意看清海水浴场的警示牌

　　B. 注意观察海滨浴场的地形地貌、沙洲和缺口,因为缺口处是离岸流的多发区

　　C. 看海里有无狭窄而浑浊的条状水流,并避开该水流

　　D. 天文大潮期间,台风来临、风大浪高之时,最好不要下水游泳

71. 户外活动遭遇雷电,应该 ____。 ( )

　　A. 不在山顶、狭小的山谷、高而空旷的地区活动

　　B. 穿上雨衣避免淋湿,不可奔跑,切勿使用手机

　　C. 不要在大树下避雨

　　D. 将身上的金属物品放在背包中

72. 遇到火灾威胁时,正确的做法是 ____。 ( )

A. 冷静判断,不要盲目采取行动 　　　　　B. 迅速拨打119

C. 大火封门无法逃离时,用湿的东西封门 　D. 躲在相对封闭的空间

73. 户外或旷野躲避雷击时,以下哪些行为是不正确的? 　　　　　　　　(　　)

A. 在雨中狂奔 　　　　　　　　B. 撑伞行走

C. 在大树下避雨 　　　　　　　D. 在沟渠、洼地等地或地面的场所躲避

74. 口对口人工呼吸时,吹气的正确方法是 ____。 　　　　　　　　　　(　　)

A. 尽可能用嘴完全包住病员的嘴巴

B. 刚开始连续进行三四次,之后每五秒操作一次

C. 吹气量至胸廓扩张时止

D. 闭合鼻孔

75. 对触电者如何进行紧急抢救? 　　　　　　　　　　　　　　　　　(　　)

A. 立即切断电源

B. 用干燥木杆或竹竿等不导电材料将触电部位脱离

C. 抬到通风干燥处仰卧,解开其上衣扣子和裤带,观察有无脉搏

D. 若触电者呼吸及心跳均停止,应实施心肺复苏,同时呼叫救护车

76. 当女大学生遇到可能危及人身安全的暴力行为时,如何保护自己? (　　)

A. 态度冷静,了解歹徒的意图　　B. 一定要保护好财产安全

C. 寻机逃跑,及时报警　　　　　D. 机制周旋,尽量不激怒歹徒

77. 女大学生一旦遇到性侵害,应该采取有效措施维护自己的权益,以下做法正

确的是 ____。 　　　　　　　　　　　　　　　　　　　　　　　　(　　)

A. 顾及名誉受损,默不作声　　B. 及时向警方报案

C. 保留相关物件,积极配合调查　D. 调整心态,不走极端

78. 邪教在高校传播将会产生严重危害,具体表现有 ____。 　　　　　(　　)

A. 严重危害信徒人身、财产权利　B. 影响师生的正确信仰

C. 影响校园交通秩序　　　　　　D. 严重妨碍教学管理工作

79. 以下哪些行为是有关规定及法律所不允许的? 　　　　　　　　　(　　)

A. 转让、出借居民身份证

B. 使用、故意毁坏他人居民身份证

C. 拒绝公安机关查验居民身份证

D. 伪造、变造身份证

80. 配合学校做好安全保卫工作应做到 ____。　　　　　　（　　）

　　A. 发现可疑情况及时汇报

　　B. 严格遵守请假制度

　　C. 爱护安全保卫及消防设施

　　D. 若与学校或学校工作人员发生矛盾,应通过组织解决

81. 在勤工助学中应该注意哪些问题?　　　　　　　　　　（　　）

　　A. 最好是有组织地开展活动

　　B. 女大学生不要陪酒陪舞

　　C. 遵纪守法,通过诚实劳动获得报酬

　　D. 要把勤工助学与经商的界限区别开

82. 某高校女生范某与社会人员高某相识后,受邀出席高某组织的饭局,酒醉后被高某拍了裸照。高某以此要挟范某做其女友,否则在网上公布照片。以下选项中范某不正确的做法是 ____。　　　　　　　　　（　　）

　　A. 应立即报警

　　B. 顾虑自己声誉,接受要挟

　　C. 纠结人员,殴打高某,要求其赔偿损失

　　D. 置之不理,听之任之,相信高某自行会销毁

83. 我们不能去学校周边的无证流动摊贩就餐的理由是 ____。（　　）

　　A. 无证流动摊贩卫生不符合要求

　　B. 购买起来不方便

　　C. 从业人员不接受卫生部门监督检查,有的没有健康证

　　D. 售卖的食物可能存在腐败变质

84. 怎样摆脱异性的纠缠?　　　　　　　　　　　　　　　（　　）

　　A. 自尊自重,态度明朗　　　B. 正常相处,节制往来

　　C. 遇到困难,依靠组织　　　D. 遵守恋爱道德,讲究文明礼貌

85. 公民在行使集会、游行、示威的权利时,有下列情况之一的,不予许可。

　　　　　　　　　　　　　　　　　　　　　　　　　　　（　　）

　　A. 煽动民族分裂的

B. 反对宪法所确定的基本原则的

C. 危害国家统一、主权和领土完整的

D. 危害公共安全或破坏社会秩序的

86. 下列哪些物质发生火灾不能用水进行扑救？ （   ）

　　A. 做实验时,意外洒出来的酒精起火

　　B. 宿舍里,床上的棉被起火

　　C. 三酸（硫酸、盐酸、硝酸）

　　D. 充电时候的手机、电脑等电器起火

87. 高校常见的安全问题有 ____。 （   ）

　　A. 偷盗、赌博、打架斗殴

　　B. 人为损坏学校公共设施,寻衅滋事

　　C. 违章用电、使用明火不慎、乱扔烟蒂引起火灾

　　D. 户外剧烈运动、校外实习、军训、私自下河游泳等引起的事故或骑车、驾车不慎而发生的车祸

88. 下列哪些行为属于校园欺凌？ （   ）

　　A. 称呼受害者侮辱性绰号

　　B. 对受害者进行重复性的言语攻击

　　C. 传播有关受害者的消极谣言和闲话

　　D. 画侮辱画,写侮辱性文字

89. 《中国反恐怖主义法》对恐怖主义作出明确定义,通过 ____ 等手段,制造社会恐慌、危害公共安全、侵犯人身财产,或者胁迫国家机关、国际组织,以实现其政治、意识形态目的的主张和行为。 （   ）

　　A. 暴力　　　B. 劝说　　　C. 恐吓　　　D. 破坏

90. 反邪教警示教育活动的主题是 ____。 （   ）

　　A. 崇尚科学　　B. 珍惜生命　　C. 关爱家庭　　D. 反对邪教

91. 大学生遇到不法侵害,正确的处理方法有 ____。 （   ）

　　A. 拼死反抗,脱离险境　　　　B. 虚张声势,巧妙周旋

　　C. 诉诸法律,报告公安　　　　D. 处于险境,紧急求援

92. 以下哪些行为容易引起火灾？ （   ）

A. 台灯靠近枕头和被子 B. 躺在床上吸烟

C. 在蚊帐内点蜡烛看书 D. 燃烧废品

93. 下列行为,易造成失密、泄密的有 ____。（   ）

    A. 随身携带涉密笔记本电脑

    B. 对来访人员详细、全盘介绍本单位情况,特别是学术权威及学术成果

    C. 在公共场所谈论、探讨内部文件

    D. 及时公开报道军事科研,重大国际民生方面的最新研究成果

94. 引起大学生打架斗殴的主要因素有哪些?（   ）

    A. 恋爱与交友 B. 利益与经济冲突

    C. 猜疑与嫉妒 D. 酗酒和寻衅滋事

95. 现在手机内的资讯特别丰富,校园常常有手机"低头一族",这种现象存在哪些危害?

    A. 会引发多种疾病,像头脑发胀,思维混乱（   ）

    B. 长期玩手机容易导致近视、白内障、青光眼等疾病

    C. 大脑得不到休息,注意力得不到集中,影响工作和学习

    D. 有的撞到人和路灯,还有的掉进沟里,非常危险

96. 一个人外出乘坐出租车时,应注意的安全事项有哪些?（   ）

    A. 要记住车辆的车牌号 B. 坐副驾驶的位置

    C. 深夜不要独自打车 D. 不和陌生人拼车

97. 面对挫折,我们可通过 ____ 几个方面进行心理调适。（   ）

    A. 正确对待,提高对挫折的调节力

    B. 树立自信心,适时调整个人的抱负水平

    C. 分析挫折原因,不断完善自我

    D. 打架、争吵、疯狂购物来发泄情绪

98. 高校之所以成为境外敌对反华势力的重点目标,原因在于 ____。（   ）

    A. 高校信息资源丰富,关于国家安全的科研和学术成果多

    B. 高校大学生处于国家安全意识形态的重要时期,易受西方思想的影响

    C. 当代大学生对国家安全概念认识较为模糊,维护国家安全的时代责任感不强

D. 高校对外交往频繁,互联网发达、便利

99. 在地铁内发生爆炸时下列做法正确的是 ____。 （　　）

　　A. 发生火情,依靠车内的消防器材进行灭火

　　B. 迅速按下列车报警按钮,使司机在监视器上获取报警信号

　　C. 疏散时听从指挥,通过车头或车尾疏散门进入隧道,向临近车站撤离

　　D. 寻找简易防护物,如衣物、纸巾等捂鼻,采用低姿势撤离

100. 校园内容易引发交通事故的主要原因有 ____。 （　　）

　　A. 行走时注意力不集中　　　B. 在校园道路上进行体育活动

　　C. 骑"飞车"　　　　　　　　D. 校园内人流量大

101. 信息网络犯罪的主要手段有 ____。 （　　）

　　A. 组织违法活动的联络指挥载体

　　B. "黑客"侵入

　　C. 计算机病毒

　　D. 散布有害信息

102. 邪教在高校渗透的特点主要有 ____。 （　　）

　　A. 以有宗教信仰师生为主要渗透对象

　　B. 以心理关爱来诱惑信众

　　C. 建立封闭的组织来笼络信众

　　D. 邪教组织活动日益高科技化、隐蔽化

103. 容易引发交通事故的行为有 ____。 （　　）

　　A. 走路或骑车时,戴耳机听音乐

　　B. 在道路上滑滑板、溜冰

　　C. 与机动车辆抢道

　　D. 在交叉路口追逐打闹

104. 当自身遭遇校园欺凌的时候,应当采取怎样的措施保护自己? （　　）

　　A. 要有意识地保护好头部、胸腹腔等极易受伤的部位

　　B. 要往人多的地方、街道或公共区域方向逃跑

　　C. 忍气吞声,等欺凌者尽情泄愤完了自然会离开

　　D. 如果身边有手机,应及时拨打110报警或拨打家长、老师的电话

105. 学校发生火灾时,学生应当____。 (   )

　　A. 不要惊慌,听从指挥有序撤离

　　B. 不要推拉、拥挤,防止踩踏造成伤亡

　　C. 利用衣、物等捂住鼻子,弯腰低姿前行

　　D. 若被困,要靠近走廊、窗口,大声呼救或挥动衣物发出求救信号

106. 根据《中华人民共和国境内外国人宗教活动管理规定》,外国人不得在中国境内进行哪些活动? (   )

　　A. 在中国公民中发展宗教信徒

　　B. 邀请中国宗教信徒人员为其举行婚礼

　　C 根据自己的宗教信仰参加宗教活动

　　D. 擅自在宗教活动场所讲经、讲道

107. 遇到危及人身安全的暴力行为时,怎样保护自己? (   )

　　A. 选择薄弱的部位反击　　　B. 保持冷静

　　C. 了解意图,保护好自己　　D. 智斗不硬拼,不激怒歹徒

108. 大学生自觉防范和抵制邪教应该做到____。 (   )

　　A. 不听、不信、不传

　　B. 检举揭发邪教的非法活动

　　C. 破除迷信思想

　　D. 正确对待人生坎坷,增强追求美好生活的信心

109. 网络谣言有可能侵犯他人的____。 (   )

　　A. 知情权　　B. 财产权　　C. 人身权　　D. 公平竞争权

110. 现实生活中很多人都有接到各类保险公司、中介公司打来的销售电话,以及各种诈骗电话的经历,个人信息泄露已成顽疾,那么个人信息一般是如何泄露的? (   )

　　A. 源于运营技术漏洞太多,没法改进

　　B. 由于技术水平不足,信息拥有方的数据被窃取

　　C. 因为管理不善,大量数据在使用中形成数据碎片,被不法分子利用

　　D. 为恶意泄露,即数据拥有方人为泄露数据,获得经济利益

111. 邪教和宗教的本质区别是____。 (   )

A. 政治立场不同 B. 崇拜对象不同

C. 教化结果不同 D. 社会作用不同

112. 应该如何保护个人信息？ （ ）

A. 银行卡小票不要随意丢弃

B. 使用公共网络上网,下线时要清理痕迹

C. 快递单号有自己的手机号码和家庭住址不要随意丢弃

D. 保管好自己的身份证、驾照、护照等证件

113. 火灾有很多种类,灭火也有各种方法,下列方法正确的是____。 （ ）

A. 做实验时,酒精不小心外溢着火用沙子覆盖灭火

B. 计算机起火后用水浇灭

C. 宿舍内小家电起火先切断电源

D. 校园草地着火,用扫把扑打灭火

114. 邪教传播的方式是____。 （ ）

A. 成立封闭的组织来精神上控制信徒

B. 用金钱引诱信众

C. 用神秘主义和伪装宗教来吸引信众

D. 用批判社会问题来招来信徒

115. 大学生违纪主要分为____。 （ ）

A. 违反日常行为规范 B. 违反国家安全保密义务

C. 违反教学管理规定 D. 违反社会安全规定

116. 下列哪些物品是不允许在公共交通工具上携带的易燃易爆危险品？

（ ）

A. 工业用的蒸馏水 B. 日常汽车用的汽油、煤油

C. 家庭装修用的酒精、油漆 D. 开矿用的炸药、雷管

117. 大学生在校园步行时,应注意哪些安全事项？ （ ）

A. 步行时,走人行道,靠右边行走

B. 横穿马路,要走人行道

C. 行走时,先看右侧车辆,后看左侧车辆

D. 显示"等待"信号时,禁止通行

118. 发生盗窃案件的应对方法有 ____ 。（　　）

　　A. 一旦发生盗窃案件,同学们一定要冷静应对

　　B. 翻动现场的物品,立即查看自己的物品是否丢失

　　C. 发现嫌疑人应立即组织同学进行堵截

　　D. 立即报告学校保卫部门,同时封锁和保护现场,不准任何人进入

119. 在道路上骑自行车应遵守下列哪些规定?（　　）

　　A. 不得手中持物　　　　　　B. 不得双手离开车把

　　C. 不得牵拉、攀扶其他车辆　　D. 不得相互追逐或曲折行驶

120. 下列哪些行为属于实验室安全管理规定?（　　）

　　A. 不私自配备门禁卡(钥匙)或将其借给他人使用

　　B. 实验室使用过程中实验人员擅自离岗

　　C. 一人在场即可开展危险性实验

　　D. 过夜实验时必须两人以上同时在场并需提前申请

121. 驾驶机动车时禁止下列哪些行为?（　　）

　　A. 戴耳机　　B. 拨打手持电话　C. 抽烟　　　D. 戴墨镜

122. 境内外"三股势力"是指____、____、____。（　　）

　　A. 民族分裂势力　　　　　　B. 和平演变势力

　　C. 暴力恐怖势力　　　　　　D. 宗教极端势力

123. 假设你住在一幢高层公寓楼的第16层,无法从窗口逃离房间,而过道里已是烟雾弥漫,你该怎么办?（　　）

　　A. 立即返回房间,拨打119

　　B. 将湿毛巾圈在门的周围

　　C. 如果呼吸困难但周围尚未起火,可在窗子的上面和下面各开一条缝

　　D. 在窗前等待,方便向消防队员求救

参考答案

一、单项选择题答案

1-20 CDADC ABDCB DDABA CABBA

21-40 AACAB BAACD AACCC ABADB

41-60 BADAA DAACD CCADB AACAA

61-80 DDCBC CCADD DAABD CCDCB

81-100 ABAAC BBCDC BBDAD DCACA

101-113 DBACA BAADA DAC

二、多项选择题答案

1-5 BD ABCD ACD ACD ABCD

6-10 ABCD ABCD ABCD ABD ACD

11-15 BC ABCD ABCD BCD ABCD

16-20 AC AB ABD AB AC

21-25 ABCD AD BC ABCD ABCD

26-30 BC ABCD ABCD ABCD AC

31-35 BCD ABC ABC BCD ABCD

36-40 ABCD ABC ABD BD ABCD

41-45 ABD ABC ABC ABCD ABCD

46-50 ABCD ABCD ABCD ABCD ABCD

51-55 BCD ABCD CD ABD ABC

56-60 ABCD ACD BD ABCD ACD

61-65 ABCD ABCD ABCD AC ABCD

66-70 ABC ABCD ABD ABCD ABCD

71-75 ABCD ABC ABC ABCD ABCD

76–80　ACD　BCD　ABD　ABCD　ABCD
81–85　ABCD　BCD　ACD　ABCD　ABCD
86–90　ACD　ABCD　ABCD　ACD　ABCD
91–95　BCD　ABCD　ABCD　ABCD　ABCD
96–100　ACD　ABC　ABCD　ABCD　ABCD
101–105　ABCD　ABCD　ABCD　ABD　ABCD
106–110　AD　BCD　ABCD　BCD　BCD
111–115　BCD　ABCD　ACD　ACD　AC
116–120　BCD　ABD　ACD　ABCD　AD
121–123　ABC　ACD　ABCD

后 记

经过一年多的策划、编写,《安全教育读本——大学生身边的故事》一书终于与大家见面了。一年多的辛劳能有一些成果,总是一件让人高兴的事,特别是能为大学生的安全和健康做一些事,更加令人欣慰。

高校的安全与稳定,关乎学生健康成长,涉及百姓千家万户,也影响着和谐社会的建设,是带有全局性、基础性和战略性的重大问题。随着高校改革步伐的加快,办学规模的不断扩大,学校体制也在不断完善,各种影响高校安全稳定的新情况、新问题也逐渐涌现。不断发生的校园安全、学生安全事件,给学生、家庭、校园和社会带来巨大伤害,甚至是无可挽回的损失,教训极为深刻。

了解有关抢夺和盗窃行为的易发生时间、地点、行骗的伎俩、网贷的花言巧语、求职择业时的各种陷阱等,并学会对付它们的方法是高校学生能获得的最好的安全保障。本书的编写始终坚持针对性和实用性,从贴近高校学生的实际需求出发,精选近几年发生在高校大学生身边的真实案例,用通俗易懂的文字再现案情本身,并配以多幅漫画加以生动形象地刻画具体情节,使学生在享受阅读的过程中得到启发、获取知识、提高能力。

本书是集体智慧的结晶。专题一由宁波工程学院的林贺锋、李振锋和陈彪撰写;专题二中的防抢劫和抢夺部分由浙江纺织服装职业技术学院的彭泽民和史红霞撰写,防传销、防网络传销和防性骚扰部分由浙江万里学院的沈威和楼宇撰写;专题三中的防盗窃部分由浙江万里学院的沈威和楼宇撰写,防诈骗部分由浙江纺织服装职业技术学院的彭泽民和史红霞撰写,谨慎网贷部分由浙江大学宁波理工学院的叶卫树撰写;专题四和专题五由浙江大学宁波理工学院的叶卫树撰写;专题六由宁波城市职业技术学院的孙业永撰写;专题七和专题八由浙江工商职业技术学院的戴亚娥、严良达、赵万利和童开妙撰写;

专题九由宁波大学的过国忠、韩雯琛和孙侃撰写;专题十由浙江大学宁波理工学院的叶卫树撰写。附录的大学新生安全知识题库由浙江大学宁波理工学院的叶卫树撰写。在图书出版之际,谨向以上各位老师表示诚挚的感谢!

全书由宁波市高等学校保卫工作研究会理事长过国忠统筹协调,宁波市公安局经文保支队王国荣、洪剑峰等为本书提供了丰富的案例资源,并与沈威一起统稿,审定全书,另外承担了大量事务性工作。对以上各位同志的辛勤付出,在此一并表示衷心的感谢!

由于时间仓促和水平有限,书中难免存在不足和欠妥之处,敬请读者特别是大学生读者不吝指正,我们将根据大家的意见及时对本书进行修订。

宁波市高等学校保卫工作研究会

2018 年 7 月

图书在版编目（CIP）数据

安全教育读本：大学生身边的故事 / 宁波市高等学校保卫工作研究会编 . —宁波：宁波出版社，2018.8
（2024.8 重印）
ISBN 978-7-5526-3258-3

Ⅰ.①安… Ⅱ.①宁… Ⅲ.①大学生—安全教育 Ⅳ.① G641

中国版本图书馆 CIP 数据核字（2018）第 153533 号

安全教育读本：大学生身边的故事
ANQUANJIAOYUDUBEN DAXUESHENGSHENBIANDEGUSHI
宁波市高等学校保卫工作研究会 编

责任编辑	陆红亚　余怡荻
责任校对	李　强
装帧设计	金字斋
漫画作者	于思琦
出版发行	宁波出版社（宁波市甬江大道 1 号宁波书城 8 号楼 7 楼）
电　　话	0574-87287821（编辑室）
网　　址	http://www.nbcbs.com
印　　刷	宁波白云印刷有限公司
开　　本	787 毫米 ×1092 毫米　1/16
印　　张	14.5
字　　数	226 千
版次印次	2018 年 8 月第 1 版　2024 年 8 月第 11 次印刷
标准书号	ISBN 978-7-5526-3258-3
定　　价	20.00 元

如发现缺页或倒装，影响阅读，请与我社联系调换　电话：0574-87286804